T0151611

QU'EST-CE QUE RAISONNER ?

COMITÉ ÉDITORIAL

CHEMINS PHILOSOPHIQUES

Collection dirigée par Roger POUIVET

Jean-Marie CHEVALIER

QU'EST-CE QUE RAISONNER ?

Paris
LIBRAIRIE PHILOSOPHIQUE J. VRIN
6, place de la Sorbonne, Ve
2016

John Broome, « The Unity of Reasoning ? »,
in S. Robertson (ed.), *Spheres of Reason : New Essays in the Philosophy of Normativity*, 2009, p. 62-92.
© Oxford University Press, 2009. Translated with permission

© *Librairie Philosophique J. VRIN,* 2016

Imprimé en France
ISSN 1762-7184
ISBN 978-2-7116-2644-1

www.vrin.fr

QU'EST-CE QUE RAISONNER ?

INTRODUCTION

Tu dis que tu as chaud seulement parce que j'ai dit que j'avais faim,
tu ne supportes pas l'idée que je puisse avoir quelque
chose de plus que toi, répondit tristement Marianne.
Pierre murmura que le raisonnement lui échappait.

Lise Charles, La Cattiva

La richesse des styles de pensée individuels semble inépuisable. La manière de penser commune à tous les agents rationnels, le raisonnement, paraît au contraire bien rébarbatif. Raisonner, n'est-ce pas cette activité contraignante consistant à tenir la bride à l'imagination, à l'intuition et à la créativité, pour tirer des conclusions purement mécaniques ? Derrière le reproche d'austérité se cache l'idée d'une soumission à des règles impersonnelles généralement imposées par la logique. Raisonner ne consisterait qu'à dévider l'écheveau des raisons avec méthode et à observer un peu passivement l'ordre ainsi produit. Ne dit-on pas que les conclusions *s'imposent* ? En somme, si les raisonnements ne sont guère enthousiasmants, voire franchement déplaisants, c'est parce qu'ils nous priveraient de notre liberté individuelle, faisant régner le terrorisme dans la pensée. À ce titre, on serait presque autorisé à dire qu'en raisonnant la raison ne pense pas, du moins pas en un sens plein et profond.

À ces critiques trop communes, on peut répondre un certain nombre de choses. Premièrement, la raison n'est pas « un présent digne d'une marâtre »[1], comme le rappelait Condillac. Reconnaître les vertus de l'intuition et de l'instinct ne dispense pas d'agir rationnellement autant que faire se peut, si l'on veut éviter d'être piégé par ses propres incohérences. Deuxièmement, il vaut peut-être la peine d'aller au-delà de l'étymologie pour examiner le lien réel entre raisonnement d'une part, raison et rationalité de l'autre, et se demander si la rationalité d'un jugement, d'une action ou d'un comportement est nécessairement le produit d'un raisonnement. Inversement, tout raisonnement n'est-il qu'un produit de la raison ? L'examen prouvera que si tel est le cas, c'est à la seule condition d'investir la raison de facultés proprement créatrices.

Raisonner ne se réduit pas à déduire comme une machine, mais suppose également d'inventer, d'évaluer, de décider. En participant à la fois de la créativité et de son autocorrection, l'activité de raisonner peut être vue comme l'outil dialectique pratiquant un contrôle réflexif sur nos inférences spontanées. Cela invite à adopter une position renouvelée quant à la « guerre de la rationalité » qui a parcouru la philosophie et la psychologie des dernières décennies. Cette controverse est née de la stupéfaction causée par la faiblesse des pouvoirs de la raison : nous sommes capables d'envoyer l'homme sur la lune,

---

1. É. Bonnot de Condillac, *Essai sur l'origine des connaissances humaines,* J.-C. Pariente et M. Pécharman (éd.), Paris, Vrin, 2014, p. 5.

et serions inaptes à résoudre un certain nombre de problèmes logiques [1] ? Le vingtième siècle a ravalé l'homme, qui n'est plus ni au centre du monde ni à l'image de Dieu ni même le seul animal rationnel, au rang de bipède sans plumes raisonnant aussi bien qu'il le peut, et souvent mal. Dès lors, le débat s'est généralement présenté de la façon suivante : faut-il juger l'homme simplement irrationnel, ou bien voir dans les biais de son intelligence une forme de rationalité ? Sans doute la conception du raisonnement comme vecteur intrinsèque à la fois de fantaisie et de norme, d'invention et de contrôle, jette-t-elle un éclairage différent sur le problème.

---

1. *Cf.* D. P. O'Brien, « Mental Logic and Irrationality : We Can Put a Man on the Moon, So Why Can't We Solve Those Logical Reasoning Problems ? », *Rationality : Psychological and Philosophical Perspectives*, 1993, p. 110-135.

CHAPITRE PREMIER

INFÉRER

ENCHAÎNER

En tant qu'activité, un raisonnement est bon ou mauvais plutôt que vrai ou faux. Le garant de sa correction, ce sont des règles qui, si elles ne sont pas automatiquement contraignantes, n'en demeurent pas moins incontestables. Ce qui distingue l'activité de raisonner de celles consistant à penser, réfléchir, ratiociner, concevoir ou comprendre peut donc s'énoncer de la façon suivante : raisonner, c'est enchaîner des pensées en se conformant à des règles. Encore faut-il distinguer plusieurs aspects du raisonnement : l'activité mentale du raisonneur n'est pas identique à sa formulation linguistique (ou « raisonnement-protocole », c'est-à-dire une séquence de propositions constituant un ou plusieurs arguments), ni à son analyse logique plus ou moins formalisée.

On a parfois cru pouvoir omettre le besoin de règles, définissant par exemple « le raisonnement ou la méditation » simplement comme « un enchaînement de plusieurs pensées »[1]. Il faut revenir à cette évidence première : même si l'on peut croire ou savoir plusieurs choses simultanément, on ne pense que dans la succession. C'est par opposition à l'intuition que l'on saisit au mieux cette diachronie de l'inférence : tandis que la première est, comme l'explique Descartes, une sorte de vision de l'esprit et de contemplation d'une

1. D. Diderot, « Thomasius », *Encyclopédie ou Dictionnaire raisonné des sciences, des arts et des métiers*, t. 16, Neufchâtel, 1765, p. 291.

représentation « toute entière en un seul moment » [1], il faut pour inférer « parcourir d'un mouvement continu et ininterrompu de la pensée » [2] les propositions relatives à un certain objet. L'inférence est à ce titre un acte mental, une opération de l'esprit que permettent d'évoquer les métaphores du flux de la conscience, du train de la pensée ou de la chaîne des raisons. Du fait de sa nature temporelle, le raisonnement est beaucoup moins certain que l'intuition, « si facile et si distincte qu'il ne subsiste aucun doute sur ce que l'on y comprend » [3]. Pour être indubitable, tout raisonnement devrait lui-même être scruté, dans chacune de ses étapes, par le regard de l'intuition. C'est ce que fait l'inférence quand elle

> prend de chaque terme une intuition claire : ce n'est pas autrement que nous savons que le dernier anneau de quelque longue chaîne est rattaché au premier, même si nous ne voyons pas d'un seul et même coup d'œil l'ensemble des anneaux intermédiaires dont dépend ce rattachement ; il suffit que nous les ayons examinés l'un après l'autre, et que nous nous souvenions que du premier au dernier, chacun d'eux est attaché à ses voisins immédiats [4].

Ainsi, c'est en partie à la mémoire que l'inférence emprunte sa certitude : lorsque le terme du raisonnement est atteint, « nous avons peine à nous rappeler la totalité du chemin qui nous y a menés » [5], mais nous nous souvenons que nous avions été rigoureux au cours de chacune de ses étapes. Certes,

---

1. R. Descartes, *Règles pour la direction de l'esprit, in* C. Adam & P. Tannery (éd.), *Œuvres de Descartes*, Paris, Léopold Cerf, 1908, vol. X, p. 407, Paris, Vrin-CNRS, 1966.

2. *Ibid.*

3. R. Descartes, *Règles pour la direction de l'esprit, op. cit.,* p. 368.

4. *Ibid.,* p. 369-370.

5. *Ibid.,* p. 387.

il n'est pas impossible, si la chaîne du raisonnement est relativement brève – et pour les esprits exercés, précise Descartes –, de l'embrasser d'un seul regard en totalité, de façon à en prendre une intuition. L'inférence est alors l'objet d'une sorte de connaissance double, offrant la possibilité d'une appréhension analytique et synthétique à la fois.

Sans manquer de clarté, l'opposition cartésienne entre inférence et intuition est toutefois métaphorique : l'intuition intellectuelle n'est d'évidence pas réellement une vision. Est-il possible de caractériser le processus inférentiel moins vaguement que comme un enchaînement ? Une inférence n'est-elle qu'une simple succession d'idées ? Descartes considère l'« énumération » (suffisante, complète, ordonnée) des éléments comme une condition nécessaire pour raisonner de façon certaine, mais elle s'ajoute au *mouvement* de la pensée. Que signifie cette dernière expression ? On n'a pas toujours remarqué que le manuscrit cartésien en parle aussi comme d'un mouvement de l'*imagination* [1], en dépit des exhortations de Descartes à ne pas confondre entendement et imagination. Est-ce à dire que même l'inférence requiert en son principe une mise en images ? L'usage discursif de la raison suppose-t-il le relais d'autres facultés ? Et si l'inférence n'est pas la seule faculté requise pour raisonner, inversement, est-elle toujours rationnelle ? En somme, quelles conditions sur la transition entre pensées garantissent la rationalité des opérations mentales ?

1. *Ibid.*, p. 388.

ASSOCIER

Pour Descartes, l'esprit a besoin d'être guidé dans ses inférences au moyen d'un certain nombre de règles. Celles-ci, l'empêchant de divaguer, acheminent vers la découverte de la vérité. Mais c'est un fait qu'il n'est pas possible d'enchaîner n'importe quelle idée à n'importe quelle autre. Pas plus que la nature l'esprit ne fait de sauts. D'où la tentation de se débarrasser de règles extrinsèques : chaque idée n'engendre-t-elle pas d'elle-même, en vertu de sa forme ou de son contenu propres, la suivante ? De la sorte, un raisonnement serait le produit de la spontanéité des idées elles-mêmes, et non le carcan dans lequel doit se glisser l'esprit. Les tentatives pour formuler systématiquement les lois empiriques des idées s'opposent ainsi radicalement à l'énoncé d'instructions pour bien penser et de règles de conformité, comme la psychologie s'oppose à la méthodologie et à la logique. Le plus souvent, s'associent des représentations d'objets qui se ressemblent (loi de similarité) ou qui ont été perçus à proximité l'un de l'autre dans le temps ou dans l'espace (loi de contiguïté). Tenant lieu d'une relation de cause à effet devenue avec Hume fort suspecte, la connexion devient l'essence de la pensée, dont l'imagination, le songe ou le raisonnement ne sont plus que des espèces.

Un tel modèle peut paraître imprécis, mais on peut définir des critères plus stricts pour l'association, comme l'a fait Jerry Fodor. Tout associationnisme requiert 1) un ensemble d'éléments à partir desquels sont construites les structures psychologiques (par exemple les idées) 2) une relation d'association définie sur les éléments (relation itérable, c'est-à-dire valant sur les éléments complexes) 3) des lois d'association, qui déterminent quelles idées s'associent 4) des paramètres pertinents des structures psychologiques et des relations d'association, telle que la force des associations. Peut-on représenter adéquatement le raisonnement à partir de ces éléments ? Le modèle a l'avantage de rendre aisément compte des habitudes cognitives, puisqu'il fonde la facilité des inférences sur la répétition ou l'intensité d'associations passées. Par exemple, la persistance, souvent observée chez les sujets, d'anciennes croyances pourtant reconnues comme fausses, peut être expliquée par l'hypothèse qu'une croyance exprime une disposition habituelle à lier des représentations entre elles, et que ces liens ne sont pas aisément défaits, surtout si aucune raison pour croire que non-p ne vient se substituer aux anciennes raisons pour croire que p.

Cependant, le modèle associationniste laisse à désirer pour plusieurs raisons. D'abord, l'improbable ontologie atomiste des idées et sensations qui l'accompagne n'a été que maladroitement corrigée par des métaphores chimiques sur la « fusion » des idées. Ensuite, il suppose une théorie de la ressemblance qui est le point faible de l'empirisme comme du nominalisme. Surtout, c'est un modèle beaucoup trop large pour le raisonnement : associer une pomme rouge à une tomate sur la base de leur couleur n'est pas un acte de raisonnement. Cela revient à dire que de simples rapprochements, fussent-ils validés par l'expérience, ne permettent pas de s'élever au niveau de la nécessité et de la signification. Il suffit de se pencher sur l'explication de la signification générale par James Mill pour s'en convaincre : bien que chaque sensation soit particulière, le mot « arbre » peut selon lui désigner autre chose qu'un arbre particulier parce que le plus souvent, l'expérience a fourni la sensation de plusieurs arbres en même temps [1]. La signification serait fondée sur une loi de fréquence dont la

---

1. J. Mill, *Analysis of the Phenomena of the Human Mind*, London, Longmans, 1869, vol. 1, p. 111.

ressemblance n'est qu'un cas particulier (qui renvoie surtout à la conscience de légères différences), la seule grande loi de l'association étant donc une loi de contiguïté imposant aux idées d'apparaître dans le même ordre que les sensations correspondantes. Cette version associationniste fournit une vision des structures mentales extrêmement pauvre, faisant des concepts non pas même des produits d'abstractions empiriques mais des groupements associatifs d'images.

En définitive, le revers de ce minimalisme psychologique est que l'association, se réduisant aux choses associées, ne rend finalement compte de rien : c'est précisément elle qui a besoin d'être expliquée. La notion d'association est donc moins une explication de l'inférence qu'elle n'en est la négation. Un tel constat élargit en quelque sorte la critique humienne de la causalité, dont le but est de prouver que les prétendues inférences causales ne sont pas du tout des inférences, mais seulement des attentes et anticipations liées à l'habitude *déguisées* en inférences.

CALCULER

Le problème de l'inférence consiste en définitive moins à montrer comment une idée s'associe à celle qui la précède qu'à expliquer comment une idée *détermine* celle qui la suit. Pour en rendre compte, les médiévaux ont placé l'*illation* au fondement du raisonnement. C'est l'idée qu'inférer consiste à passer mentalement d'une idée (ou d'un jugement) à une autre idée (ou à un autre jugement), sous certaines conditions stipulant la nature du lien entre ces deux étapes. L'antécédent mental doit être dans une relation avec le résultat du raisonnement telle qu'elle *nécessite* d'une certaine manière ce dernier. Raisonner, c'est accepter une conclusion *sur la base* de propositions qu'on a acceptées (tenues pour vraies ou au

moins temporairement «entretenues»). Une grande partie du
problème consiste à comprendre ce que cela implique à un
niveau *à la fois* épistémologique, logique, et psychologique.

La représentation la plus commune de l'illation a été,
d'Aristote aux médiévaux et jusque chez les logiciens
modernes, le syllogisme. Il s'agit d'un ensemble de trois
propositions choisies de telle manière que si les deux
premières, les *prémisses* du raisonnement, sont vraies, il est
impossible que la troisième, la conclusion, ne le soit pas.
Autrement dit, le transfert de la vérité des prémisses à la
conclusion est autorisé par la *forme* d'exposition du syllogisme. Les contraintes sur le choix et l'énoncé des prémisses
ont le plus souvent été présentées sous forme tabulaire : ce sont
les célèbres figures et modes de la syllogistique scolastique,
dont vingt-quatre sont concluants. Ceux-ci inventorient les
types de déduction permis par les règles de la logique
classique, en fonction de la quantification sur le sujet des
propositions figurant dans les prémisses. La toute première,
dite Barbara, est exemplifiée par la célèbre séquence suivante :
«Tous les hommes sont mortels, or les Grecs sont des
hommes, donc les Grecs sont mortels». Dans cet exemple, la
propriété attribuée à toute une espèce dans les prémisses est
attachée dans la conclusion à l'un de ses peuples en particulier,
comme si la déduction opérait une sorte de focalisation de
l'attention. En d'autres termes, la forme Barbara ne fait
qu'appliquer une règle (formulée dans la première prémisse) à
un cas.

Le raisonnement se réduit dès lors, semble-t-il, à un mécanisme dont les formes sont déterminées d'avance. C'est
pourquoi, s'inspirant de l'étymologie de «penser», littéralement peser, Hobbes peut annoncer : «Par "raisonnement"

j'entends un calcul »[1]. Cette thèse a été développée successi-
vement par Leibniz, Boole et Fodor[2], même s'il faut se garder
d'assimiler hâtivement Hobbes à un grand-père de l'intelligence artificielle. Si pour lui « tout raisonnement se réduit à
deux opérations de l'esprit, l'addition et la soustraction », c'est
dans le cadre d'une syllogistique tout à fait classique : calculer,
c'est prédiquer une qualité, et tirer « les consécutions des déno-
minations générales admises pour marquer et signifier nos
pensées »[3]. Lorsque j'ajoute à « homme » le prédicat « grand »,
je fais une addition. Raisonner n'est rien d'autre que manipuler
des symboles linguistiques, raison pour laquelle Descartes
reproche à Hobbes de faire reposer la pensée sur les
conventions du langage : « pourquoi ne veut-il pas que nos
discours et raisonnements soient plutôt de la chose signifiée
que des paroles seules ? »[4]. En se concentrant sur la syntaxe du
langage, l'approche hobbesienne ne fait que porter la logique
du syllogisme à ses conséquences ultimes, de sorte que sa

---

1. T. Hobbes, *De Corpore*, Paris, Vrin, 1999, p. 12.

2. Comme on l'a vu, les associations entre états mentaux sont impuissantes
à rendre compte de la façon dont la syntaxe de la pensée, c'est-à-dire la forme
logique des états mentaux, peut déterminer les processus psychologiques. En
revanche, selon le cognitivisme, l'approche computationnelle est fructueuse :
« la notion turingienne de calcul fournit exactement ce dont a besoin un
théoricien rationaliste des sciences cognitives pour combler cette lacune : elle
fait pour les rationalistes ce qu'auraient fait pour les empiristes les lois de
l'association, si seulement l'associationnisme avait été vrai » (J. Fodor,
L'Esprit, ça ne marche pas comme ça, trad. fr. Cl. Tiercelin, Paris, Odile Jacob,
2003, p. 34).

3. T. Hobbes, *Léviathan : traité de la matière, de la forme et du pouvoir de
la république ecclésiastique et civile*, trad. fr. F. Tricaud, Paris, Dalloz, 1999,
p. 38.

4. R. Descartes, *Méditations Métaphysiques*, in C. Adam & P. Tannery
(éd.), *Œuvres de Descartes,* Paris, Léopold Cerf, 1904, vol. IX-1, p. 139 ; Paris,
Vrin-CNRS, 1995.

modernité doit être relativisée : elle ne propose rien d'autre qu'un calcul sur les prédicats.

Que tout raisonnement se réduise à un mécanisme aveugle, que ce qui fait la fierté de l'homme puisse être accompli par une machine, c'est pour le moins frustrant. Mais on n'a pas manqué de souligner que la machine ne saurait se passer d'un maître. L'une des vertus de la présentation syllogistique classique est de faire apparaître nettement une étape intermédiaire, exposée dans la prémisse mineure (« Or Socrate est un homme », dans un célèbre exemple concluant de la mortalité des hommes à celle de Socrate). De même que dans une démonstration on parvient au résultat en suivant un certain cheminement, de même le terme d'un raisonnement est atteint via certaines idées intermédiaires qui n'apparaissent ni dans la proposition initiale ni dans la conclusion. Comment les découvre-t-on ? N'introduit-on pas une entité nouvelle en passant de « tous les hommes » à « Socrate » pour leur appliquer le prédicat « mortel » ? Certes Socrate appartient à la communauté humaine, mais pas analytiquement : le nom « Socrate » pourrait par exemple désigner un âne. La découverte de telles propositions intermédiaires est d'une importance cruciale. C'est ce qui a fait dire à Locke que la disposition à inférer n'est que la deuxième des facultés requises pour raisonner, la première étant la *sagacité*, capacité de découvrir quelles étapes intermédiaires conduiront au résultat souhaité – capacité dont aucune machine ne saurait faire preuve.

> Par la première elle trouve des idées moyennes, et par la seconde elle les arrange de telle manière, qu'elle découvre la connexion qu'il y a dans chaque partie de la déduction, par où les extrêmes sont unis ensemble, et qu'elle amène au jour,

pour ainsi dire, la vérité en question, ce que nous appelons *inférer*(…)[1].

Il résulte de la critique lockéenne du syllogisme que le processus du raisonnement est plus complexe que celui de l'illation, qui n'en constitue qu'une partie. Sans conception globale d'une visée, pouvoir de découverte et capacité de synthèse, il est impossible de construire une inférence concluante. Locke distingue pas moins de quatre actes mentaux successifs :

> le premier et le plus important consiste à découvrir des preuves ; le second à les ranger régulièrement, et dans un ordre clair et convenable qui fasse voir nettement et facilement la connexion et la force de ces preuves ; le troisième à apercevoir leur connexion dans chaque partie de la déduction ; et le quatrième à tirer une juste conclusion du tout[2].

Le syllogisme est impuissant à rendre cette complexité. La plupart de nos raisonnements, même corrects, sont vagues, non explicites ou incomplets quant aux prémisses et aux étapes intermédiaires. Pour preuve, nous raisonnons souvent par enthymèmes (syllogismes privés de leur prémisse conditionnelle). Dans tous les cas, il est exceptionnel qu'une opération psychique soit structurée linguistiquement comme un syllogisme, au point qu'il est souvent malaisé de déterminer l'inférence exacte qui correspond à tel syllogisme. Soit l'exemple suivant : comment raisonnons-nous pour inférer, à partir de la proposition « Les hommes seront punis dans l'autre monde », la conclusion : « Donc les hommes peuvent se déterminer eux-

1. J. Locke, *Essai philosophique concernant l'entendement humain*, trad. fr. J.-M. Vienne, Paris, Vrin, 1972, p. 558.

2. *Ibid.*, p. 559.

mêmes » ? Premièrement, la difficulté consiste à découvrir les concepts intermédiaires, en quoi le syllogisme n'est d'aucune aide ; en outre, pour effectuer le raisonnement dans son ensemble il faudrait enchaîner une multitude de syllogismes. Bien plus vraisemblablement, nous formons quelque chose comme la séquence suivante : « Les hommes seront punis ; Dieu celui qui punit ; La punition juste ; Le puni coupable ; Il aurait pu faire autrement ; Liberté ; Puissance de se déterminer soi-même ». Les syllogismes sont comme des lunettes, résume Locke : une raison dans toute son acuité s'en dispense fort bien, et ceux qui en ont besoin ne devraient pas les imposer à tous. S'il lui revient de décrire le fonctionnement de la pensée, le syllogisme est inadéquat, et s'il est censé manifester les règles auxquelles on est soumis lorsqu'on infère, il est au moins douteux qu'il remplisse son office.

Le syllogisme demeure donc une simple représentation, et ne transcrit pas fidèlement de ce qui se passerait « dans notre tête » : il serait naïf de croire que nous « syllogisons » dans la vie courante. Si le syllogisme était vraiment le grand instrument de la raison, ironise Locke, alors le mérite d'avoir rendu l'homme rationnel ne reviendrait pas à Dieu mais à Aristote. Il convient toutefois de ne pas se méprendre sur la portée de cette critique. Jamais un syllogisme n'a prétendu décrire un fonctionnement mental. Dire qu'il constitue une formule morte par opposition au processus vivant de la pensée, ou que les positions successives qu'il décrit sont impuissantes à constituer un continuum mental, n'est pas une objection. Le syllogisme n'exprime que des relations intellectuelles entre certains faits.

IMPLIQUER

Quel type de relation entre faits le syllogisme manifeste-t-il ? Il fait apparaître l'inférence des prémisses à la conclusion comme, d'une certaine manière au moins [1], *nécessaire*. D'où vient cette force contraignante du raisonnement, sinon des lois infrangibles de la logique ? Cette dernière serait précisément, selon une acception très commune, la science du raisonnement. On lit ainsi dans l'un des manuels de logique les plus usités au dix-neuvième siècle : « On considère d'habitude que la logique prétend fournir une méthode *particulière* de raisonnement, alors qu'elle fournit une méthode d'analyse des processus mentaux qui doivent *invariablement* advenir dans tout raisonnement correct » [2]. Il n'y aurait pas moyen d'échapper à la logique, tout simplement parce que le raisonnement est son objet propre, et qu'en lui s'expriment les lois logiques. On a tenté de réduire ces dernières à des principes minimaux : peut-être toute la nécessité de la logique proviendrait-elle de ce qu'on a coutume d'appeler les « lois de la pensée », d'assez improbables principes fondamentaux d'identité (A=A), de contradiction (non [A et non-A]) et du milieu exclu (A ou non-A). Mais il est plus vraisemblable que les règles de transformation pertinentes soient fondamentalement celles des connecteurs logiques eux-mêmes. La méthode de la déduction naturelle notamment permet de tirer toutes les règles de la logique des tables de vérité d'opérateurs tels que « et », « ou » et « non ».

1. Comme on le verra dans la deuxième partie, on peut en effet exprimer des raisonnements non nécessaires (par exemple inductifs) sous forme syllogistique. Dans de tels cas aussi une *sorte* de nécessité, au sens d'une force de compulsion, nous pousse à tirer la conclusion.

2. R. Whately, « Logic », *Encyclopædia Metropolitana*, London, J. J. Griffin & Co, 1849, p. 5.

Le pouvoir contraignant de l'inférence logique se tire pour
sa part uniquement du connecteur d'implication (souvent noté
$\rightarrow$, $\Rightarrow$ ou $\supset$), qui opère un « transfert » nécessaire de la vérité
des prémisses à la vérité de la conclusion. Le *modus ponens* (ou
« règle d'élimination » en déduction naturelle) indique
comment utiliser ce connecteur pour faire une déduction : p, et
$p \rightarrow q$, donc q. Dans la pratique, on utilise souvent le *modus
tollens*, ou contraposition, qui en dérive : non-q, et $p \rightarrow q$, donc
non-p. Une autre manière de présenter le connecteur d'implication est d'indiquer sa table de vérité :

p	V	V	F	F
q	V	F	V	F
$p \rightarrow q$	V	F	V	V

On y voit que l'implication se caractérise comme un
connecteur qui est faux seulement lorsqu'il conduit d'une
proposition vraie à une proposition fausse. C'est une particularité du conditionnel philonien [1] que, s'il transfère la vérité
des prémisses à la conclusion d'un raisonnement, il n'en transfère pas la fausseté : *ex falso sequitur quodlibet*, d'une contradiction on peut inférer n'importe quelle proposition, ou
encore, tout raisonnement reposant sur des prémisses fausses
est valide. Ainsi, l'énoncé « $1 + 1 = 0 \rightarrow$ la neige est verte » est
vrai. Cela a conduit Gilbert Harman à insister sur la distinction
entre règles déductives comme le *modus ponens* et véritables
règles d'inférence : de croyances contradictoires s'ensuit

---

1. On parlera ici indifféremment des paradoxes du conditionnel philonien
ou de l'implication matérielle, même si en toute rigueur l'implication qui
mentionne des énoncés (et appartient donc au métalangage) se distingue du
conditionnel qui les *utilise* ; *cf.* W. v. O. Quine, *Méthodes de logique*, Paris,
Armand Colin, 1972.

n'importe quoi, mais il n'est ni rationnel ni raisonnable d'en inférer n'importe quoi.

D'autres raisons encore prouvent que le type d'implication sur lequel reposent nos raisonnements diffère de l'implication matérielle. Si les règles du raisonnement étaient les règles de la logique, il faudrait accepter la production de chaînes de conséquences triviales (par exemple $p \rightarrow p$, ou $p \& q \rightarrow q$). L'introduction de la disjonction ($p \rightarrow p \vee q$) notamment est une inférence problématique. À la limite, en considérant que tout être rationnel *doit* se conformer aux principes de base de l'implication logique, c'est-à-dire en vertu du principe de clôture épistémique, alors une fois un ensemble de prémisses donné il ne faudrait plus s'arrêter d'inférer. Une infinité de conséquences est impliquée par nos croyances, mais il ne serait pas souhaitable de toutes les admettre comme de nouvelles croyances. D'où le principe d'encombrement minimal (« *Clutter Avoidance Principle* ») formulé par Gilbert Harman : soyez rationnels, ne gaspillez pas votre temps en déductions inutiles [1].

Autre problème posé par l'implication logique (« matérielle ») : elle est purement statique, puisque $p \rightarrow q$ est strictement équivalent à « non p ou q ». C'est une simple juxtaposition assertorique, qui néglige le lien de dépendance entre la conséquence et son principe. Autrement dit, l'implication décrit un état de fait (on n'a pas à la fois p vrai et q faux), alors que l'inférence que l'on cherche à exprimer signifie qu'il est *impossible* d'avoir à la fois p vrai et q faux. La différence est due au fait que l'implication est une relation entre propositions tandis qu'inférer est une activité. C'est ce que souligne Locke lorsqu'il affirme que, tout en offrant une présentation claire

---

1. G. Harman, *Change in View : Principles of Reasoning*, Cambridge, MIT Press, 1986, p. 12 ; trad. fr. J.-M. Chevalier, Montreuil, Ithaque, à paraître.

des arguments, ce n'est pas le syllogisme qui fait sentir la nécessité des inférences :

> C'est l'esprit seulement qui aperçoit ou qui peut apercevoir ces idées placées ainsi dans une espèce de *juxtaposition*, et cela par sa propre vue, qui ne reçoit absolument aucun secours ni aucune lumière de la forme syllogistique qu'on leur donne [1].

En résumé, toute inférence repose sur une implication, mais toute implication ne permet pas une inférence. Il est tentant de chercher une expression logique plus proche des inférences réellement pratiquées dans le raisonnement, en affaiblissant la relation d'implication. La notion d'« entraîner » (*entailment*) [2] introduite par G. E. Moore comme converse de la relation de déductibilité [3] entend endiguer les paradoxes de l'implication matérielle en faisant droit à la connexion sémantique entre prémisses et conclusion. Dès lors, on pourra justifier le fait que « La lune est en fromage donc le pape fait des crêpes », tout en étant une implication valide, n'est pas un raisonnement, alors que « Il pleut, donc je prends mon parapluie », formellement équivalent un jour de beau temps (puisque la prémisse en est alors fausse), en est un. Mais peut-on aussi simplement séparer raisonnements et non

1. J. Locke, *Essai sur l'entendement humain, op. cit.*, p. 563.

2. Parfois appelée simplement « implication » (par opposition au conditionnel ou implication matérielle). Cette notion d'implication est proche du conditionnel « généralisé » de Quine (défini comme conjonction de conditionnels matériels) et du conditionnel « strict » de C. I. Lewis (défini modalement), lequel a toutefois dû préserver l'idée qu'une contradiction implique logiquement n'importe quelle proposition. Contre cela, Anderson et Belnap ont proposé une notion d'implication pertinente (*relevant implication*), mais elle a le défaut d'être contraignante et peu intuitive.

3. G. E. Moore, « External and Internal Relations », *Proceedings of the Aristotelian Society,* 20, 1919, p. 40-62.

raisonnements ? Il convient non seulement d'exclure certaines implications valides, mais aussi d'en admettre certaines qui sont incorrectes. Il faut en effet se garder de croire qu'un raisonnement faux est un faux raisonnement. Une séquence du type « Ce qui est rare est cher, or ce qui est bon marché est rare, donc ce qui est bon marché est cher », quoique sophistique et fallacieuse, est un authentique raisonnement, même si la conclusion ne s'ensuit pas de ses prémisses.

La vertu des stratégies de remplacement du conditionnel matériel est d'exprimer plus justement la nécessité au cœur d'une inférence. Toutefois, si le concept d'une implication plus « pertinente » tente de faire le lien entre les permissions de la logique et notre pratique de sujets rationnels, il échoue en partie à exprimer ce qu'est en propre l'illation. C'est qu'indépendamment de tout formalisme logique, il existe des règles du bon raisonnement. À la validité logique, on devra donc substituer la nécessité intrinsèque de l'enchaînement de certaines propositions en fonction d'une certaine pratique, celle consistant à suivre des règles générales d'inférence.

SUIVRE UNE RÈGLE

Les règles de la rationalité ne sont pas réductibles aux lois logiques. Certes, les règles d'implication imposent des contraintes sur ce qui fait une preuve ou un argument, mais elles ne donnent pas de recette pour construire la preuve ou l'argument. Différentes stratégies sont possibles lorsqu'on raisonne. Souvent, par exemple, il est plus aisé de partir d'emblée de la conclusion. Harman insiste sur la remarque suivante, de bon sens mais souvent omise : le fait que p implique q peut être une raison pour croire que q, mais ce n'est pas nécessairement le cas. Il peut être plus raisonnable d'abandonner q. La déduction nous force à tirer une proposition impliquée, mais pas à la croire : on peut refuser d'accomplir ce pas, en inférant à rebours à la façon du *modus tollens* et supprimant ce qui était tenu pour une prémisse du raisonnement.

Est-il possible d'énoncer une liste de règles du raisonnement parallèles aux lois logiques ? Cela semble très difficile. Du moins est-il assuré qu'il existe quelque chose comme des règles normatives, qui seules peuvent faire passer de la notion logique d'implication à l'inférence, et surtout au raisonnement proprement dit. Le concept de « suivre une règle » permet en effet de distinguer les simples inférences des véritables raisonnements, dont la nécessité nous semble motivée :

> Assurément, n'importe quelle inférence s'impose à nous irrésistiblement. En d'autres termes, elle est irrésistible à l'instant même où elle se trouve d'emblée suggérée. Néanmoins, nous avons tous à l'esprit certaines *normes*, ou schémas généraux du raisonnement juste, et nous pouvons comparer l'inférence à l'une d'entre elles et nous demander si elle obéit à cette règle [1].

Faute d'être rapportée à une norme, c'est-à-dire à une règle que nous pouvons approuver et dont nous reconnaissons la justesse, l'inférence n'est pas un véritable raisonnement. Une inférence peut être mécanique, inconsciente, et s'exercer à n'importe quel niveau des systèmes cognitifs (par exemple dans la perception). Certains animaux en sont capables, mais il n'y a là « qu'une ombre du raisonnement », c'est-à-dire « un passage d'une image à une autre » [2]. Avoir des raisons de croire

---

1. C. S. Peirce, *Collected Papers of Charles S. Peirce,* 8 vol., 1931-1958, Cambridge, Harvard University Press, vol. 1, § 606.

2. G. W. Leibniz, *Nouveaux Essais sur l'entendement humain*, Paris, GF-Flammarion, 1990, p. 39.

en une conclusion et s'en remettre à des principes généraux (même si ce ne sont pas des lois logiques) semble en revanche spécifiquement humain. C'est la différence entre ce que Wilfrid Sellars nomme « inférences humiennes », faites par les animaux, comme « De la fumée. Le feu n'est pas loin », et « inférences aristotéliciennes », qui exigent un conditionnel et une notion de généralité : « Là où il y a de la fumée, il y a du feu » [1]. Cette règle n'est qu'un principe empirique, dont la loi générale pourrait peut-être s'énoncer ainsi : « Inférez toujours selon les habitudes de l'expérience ». L'observer suffit à garantir la rationalité de l'inférence.

Peut-on formuler de manière plus générale une loi qui serait au principe de la rationalité ? Paul Grice propose de caractériser la pratique inférentielle comme une dérivation à partir d'un « principe d'inférence acceptable » [2], c'est-à-dire acceptable pour l'agent, tel que l'implication soit *considérée comme* valide par celui qui l'accomplit. Cela exige de s'en remettre à ce que ce dernier prétend admettre comme inférence. Mais comment connaître ses procédures mentales réelles s'il est vrai que, une fois interrogés, la plupart des sujets tendent (malgré eux) à inventer un nouvel argument plutôt qu'à décrire les opérations réellement mises en œuvre ? Et surtout, la notion de règle acceptable *pour l'agent* est mal construite. Comme l'a montré Wittgenstein, « on ne peut pas suivre la règle *privatim* », car cela reviendrait à identifier *suivre* une règle et *croire* qu'on suit une règle, ce qui n'est manifestement pas la même chose [3].

---

1. W. Sellars, « Mental Events », *Philosophical Studies*, 81, 1981, p. 325-345.

2. P. Grice, *Aspects of Reason*, Oxford, Clarendon Press, 2001, p. 5.

3. L. Wittgenstein, *Recherches philosophiques*, Paris, Gallimard, 2005, § 202, p. 127.

Néanmoins, c'est bien en chaque sujet que s'opèrent les inférences. Il devrait donc exister, au niveau individuel, quelque chose de l'ordre d'une règle de passage ou d'une autorisation épistémique garantissant l'effectuation des étapes d'un raisonnement. C'est cette question qu'examine Lewis Carroll en s'inspirant de l'apologue éléate d'Achille et la tortue [1]. Soit une tortue raisonnant conformément au *modus ponens*, c'est-à-dire inférant une conséquence de la forme : *p*, or *p → q*, donc *q*. Elle accepte de répondre aux questions d'Achille. « Puisque *p* et *p → q*, tu acceptes *q*, n'est-ce pas ? » lui demande-t-il. Sans doute, réfléchit-elle, en vertu de la règle suivante : si *p* et *p → q*, alors *q*. Autrement dit, l'inférence est justifiée à condition d'accepter que de *p, p → q* et (*si p et p → q, alors q*) on peut déduire *q*. Mais pour être elle-même acceptable, cette inférence exige à son tour d'ajouter la prémisse « (*si p et p → q, alors q*) et *p* et *p → q*, alors *q* ». Et ainsi de suite. De la sorte, l'accomplissement de l'inférence *p → q*, qui est au centre du *modus ponens*, repose elle-même sur la règle selon laquelle « si *p* et *p → q* alors *q* », c'est-à-dire sur le *modus ponens*. Puisque son inférence est justifiée par une transition qui est de la nature de la transition qu'elle essaie de justifier, la pauvre tortue semble condamnée, contrairement à son athlétique consœur, à ne jamais rattraper son concurrent sur le stade du mental.

L'exemple illustre le danger pour celui qui raisonne de tenir le principe de son raisonnement pour une des raisons motivant la transition mentale : à vouloir remplacer la règle du détachement du conditionnel par des conditionnels explicitement formulés, on ne peut échapper à une régression infinie. Pour que certaines conséquences puissent être tirées de

<hr/>

1. Lewis Carroll, « What the Tortoise Said to Achilles », *Mind*, 4, n°14, 1895, p. 278-280.

propositions, même conditionnelles, il faut des engagements
inférentiels en sus. En d'autres termes, il est important de ne
pas confondre logique et métalogique : comme l'écrit
Wittgenstein, « le *modus ponens* ne peut être exprimé par une
proposition » [1]. Le *modus ponens* est en fait ce qui permet de
passer de la notion d'implication à celle de déduction, de même
que la déduction peut inversement être définie par le lemme
suivant : dire que *q* se déduit de *p* équivaut à dire que « *p*
implique *q* » est une formule toujours vraie (une « thèse »). On
ne saurait faire figurer les règles d'inférence parmi les
prémisses du raisonnement, ou du moins pas toutes : le
« principe logique » est précisément le résidu du « principe
directeur » du raisonnement ne pouvant être versé au crédit des
prémisses. Le principe directeur apparaît moins comme une
règle ou comme l'assertion d'une condition modale (signalant
l'impossibilité d'avoir telles prémisses sans telle conclusion)
que comme une implication logiquement muette fournissant le
dynamisme de l'inférence. C'est en quelque sorte le
déclencheur de la pratique illative en vertu d'une loi logique
mais non pas sous l'effet de celle-ci.

JUSTIFIER

Peut-être y a-t-il à ce titre une confusion fondamentale
dans la tentative de penser l'inférence par la logique : l'inférence réside-t-elle vraiment dans la relation entre deux propositions, ou n'est-elle pas plutôt le fait de tirer la conclusion ?
Dans ce dernier cas, il devient inutile de distinguer, comme on
le recommande souvent, entre le processus consistant à inférer

1. L. Wittgenstein, *Tractatus logico-philosophicus*, § 6.1264, Paris,
Gallimard, 1993, p. 102.

et l'inférence comme entité logique, c'est-à-dire entre l'acte mental et le contenu de cet acte. Car dans «*p* donc *q*», *q* désigne peut-être moins une proposition qu'il ne représente l'inférence *que q*. Dans cette conception, il ne faut pas espérer que le fondement de l'inférence, *p*, implique ou entraîne logiquement *q* : une telle inférence n'existe pas. Ce fondement fournit seulement des raisons, le « mouvement » supposé étant tout entier du côté de l'inférence, c'est-à-dire de *q*.

La critique lockéenne du syllogisme ainsi que les atermoiements de la tortue indiquent donc conjointement qu'aucune formule, aucun énoncé prescriptif ne sauraient remplacer la compréhension intellectuelle des raisons qui autorisent l'inférence. La relation entre ce à partir de quoi l'on infère et ce qui est inféré n'est pas une relation logique mais une relation de fondement, de preuve ou de raison. Un raisonnement peut être considéré comme une entreprise de justification : si l'étymologie est bonne conseillère, raisonner, c'est donner des raisons. C'est pourquoi, plutôt qu'en termes stricts de nécessité, on gagne sans doute à concevoir un raisonnement comme un transfert de garanties : la confiance qu'on avait dans certaines croyances (exprimées dans les prémisses) se reporte sur la conclusion du raisonnement.

L'activité de raisonner est essentiellement liée à la compréhension : comme le dit Poincaré, nous raisonnons pour « savoir non seulement si tous les syllogismes d'une démonstration sont corrects, mais pourquoi ils s'enchaînent dans tel ordre, plutôt que dans tel autre »[1]. Il semble que l'application d'une règle telle que la décrit Wittgenstein ne suffise pas : est requise une forme de compréhension, sorte de connaissance propositionnelle directe et immédiate (analogue à l'intuition de l'inférence chez Descartes). Telle est la position de Laurence

---

1. H. Poincaré, *Science et méthode*, Paris, Flammarion, 1947, p. 131.

BonJour [1]. En raisonnant, on a bien l'intuition qu'on est justifié à tirer telle ou telle conséquence : point de calcul aveugle en cela. La difficulté est qu'en réintroduisant une faculté rationnelle d'intuitionner les justifications (dont on ne voit du reste pas très bien en quoi elle consiste), on risque de se replacer dans la situation de la tortue : l'appel à un contenu propositionnel pour raisonner déductivement rend l'opération trop sophistiquée, puisqu'une fois encore l'inférence serait justifiée à condition d'utiliser un principe lui-même utilisé inférentiellement. BonJour répond à cette objection qu'elle prouve seulement que l'intuition *a priori* des justifications n'est pas propositionnelle, mais a la forme d'un mouvement des prémisses à la conclusion.

Peut-être faut-il alors distinguer, comme l'exemple d'Achille et la tortue y invite, entre la disposition à tirer une inférence et le sentiment d'être « autorisé » (*entitled*) à le faire, ou corrélativement, entre croire qu'on est justifié à inférer une conclusion et croire que la conclusion de l'inférence est justifiée. La tortue est prudente lorsqu'elle recherche de bonnes raisons pour inférer la conclusion du raisonnement, mais déraisonnablement vétilleuse lorsqu'elle exige les raisons logiques de ces raisons. Selon Paul Boghossian, la leçon à tirer de l'argument de Lewis Caroll est qu' « à partir d'un certain moment il doit tout simplement être possible d'*avancer* de pensée en pensée d'une manière qui engendre des croyances justifiées, sans que ce mouvement ne soit fondé sur une croyance justifié de l'agent à propos de la règle mise en œuvre dans le raisonnement » [2]. Contrairement à ce que soutient BonJour, il n'est pas nécessaire de connaître le

1. L. BonJour, *In Defense of Pure Reason*, Cambridge, CUP, 1998.
2. P. Boghossian, « How Are Objective Epistemic Reasons Possible ? », *Philosophical Studies,* 106, décembre 2001, p. 1-40.

principe qu'on applique pour être justifié à le faire : pourquoi le *modus ponens* est valide, ce ne sont pas les affaires de la tortue ! Mais ne se retrouve-t-on pas de nouveau balloté du Charybde de l'infinie décomposition des raisons au Scylla de l'absence de raison ? Car si l'externalisme inférentiel nous prive de base pour penser qu'une inférence est correcte, comment être encore justifié à l'accepter ? La voie de Boghossian ne semble pas pouvoir rendre compte de la responsabilité épistémique que nous avons sur nos raisonnements. La solution qu'il propose passe par une explication en termes de sémantique des rôles conceptuels de la signification des constantes logiques, dont le principe est le suivant : nos mots logiques signifient en vertu de leur rôle dans l'inférence mentale fondamentale, de sorte qu'une expression comme « si… alors… » se voit dotée *a priori* de sens sans nécessité d'une justification supplémentaire.

La plupart des approches philosophiques du raisonnement y voient l'objet par excellence de la logique, voire le cantonnent à l'inférence de type syllogistique. Il s'agit moins de critiquer le caractère réducteur d'une telle conception que de se demander si elle ne manque pas ce en quoi consiste en propre l'acte de raisonner, c'est-à-dire non tant une inférence entre propositions qu'un processus de justification de nouveaux états mentaux. La confusion des deux est parfois dénoncée ; mais y a-t-il là deux approches, ou n'est-il pas simplement illégitime de ranger parmi les raisonnements une inférence mécanique instanciant quelque loi logique ? Explorer la diversité des manières de raisonner devrait en faire apparaître toute l'inventivité.

CHAPITRE II

FORMER DES CONNAISSANCES RATIONNELLES

On raisonne la plupart du temps pour résoudre un problème. Face à une difficulté, et muni de ressources limitées, on tente d'inventer une solution. Le gain cognitif obtenu par raisonnement implique 1) que par inférence de nouvelles représentations soient créées sur la base de représentations préalables, et 2) que la ou les meilleures soient sélectionnées en vertu non seulement de leur efficacité mais de leur rationalité (vérité des conclusions, validité de l'inférence, minimum de dépense, gain maximal, etc.). Comment est-ce possible ? En raisonnant, en vient-on à connaître davantage de choses après qu'avant, ou bien comprend-on mieux les données du problème de sorte qu'on puisse aboutir à sa résolution ? Un raisonnement fournit-il une explication ? Plus généralement, quelles sont les différentes manières de justifier la conclusion d'un raisonnement, c'est-à-dire la proposition résultant de l'inférence, d'après les propositions admises avant de procéder à l'acte d'inférer ?

DÉCOUVRIR

Un raisonnement *produit*-il de la connaissance ? Il y a souvent une ambiguïté chez les philosophes à ce sujet : certains prétendent qu'une inférence conduit du connu à l'inconnu, d'autres de l'inconnu au connu, d'autres encore qu'elle conduit d'une connaissance à une autre. En raisonnant, a-t-on organisé les données du problème différemment, ou bien a-t-on inventé quelque chose de nouveau ?

Sherlock Holmes utilise sa perspicacité, sa mémoire, son intuition et ses facultés de déduction pour découvrir l'identité du coupable. Mais une fois celle-ci révélée, le docteur Watson s'aperçoit qu'il avait déjà tous les éléments à portée de main : « Bon sang, mais c'est bien sûr ! », la solution s'offrait d'elle-même. Pourquoi Holmes a-t-il inféré ce qui a échappé à Watson ? Son raisonnement lui a-t-il appris quelque chose de nouveau ? A-t-il découvert ou inventé la solution en raisonnant ? Chacun des deux personnages de Conan Doyle incarne une interprétation du gain cognitif des raisonnements. Selon la première interprétation – le modèle Watson, qu'on peut associer à John Stuart Mill –, un raisonnement est un progrès du déjà connu vers de l'inconnu : on disposait bien de certains indices, mais pas de la proposition finale, qu'il a fallu inventer de quelque manière. Raisonner est un moyen d'étendre le domaine de notre savoir. L'autre modèle au contraire, celui de Sherlock Holmes (représenté en philosophie par William Hamilton), considère que l'acte d'inférer transporte dans la dernière proposition ce qui était *virtuellement* admis dans les jugements antécédents.

Le problème de l'approche de Mill est qu'elle peine à expliquer comment un jeu d'association, de recomposition et de « digestion » des données peut engendrer du savoir, c'est-à-dire en accroître la masse. Le passage du connu à l'inconnu pourrait par exemple être rêvé, et produire accidentellement une croyance vraie. Si l'on n'a recours qu'à son esprit, sur quoi se fonde l'acquisition de nouvelles connaissances ? Ne faut-il pas intégrer de nouvelles données, des faits qui étaient inconnus ? Peut-être donc a-t-on seulement explicité ce qui était déjà su, comme le soutient Hamilton. Dans « tous les hommes sont mortels » est déjà contenue l'idée que « les Grecs

sont mortels » : la conclusion ne fait que clarifier ce qui était
déjà admis dans les prémisses. Nécessairement, « si p s'ensuit
de "q", le sens de "p" est contenu dans celui de "q" » [1]. Cette
inclusion est facilement explicable : il ne s'agit pas de faits
différents synthétiquement reliés, comme le prétend Moore,
mais bien d'un seul fait décrit par p et par q. Si je peux déduire
de « John a une Ford » que « John a une auto », c'est parce que
« John a une Ford » n'exprime pas un fait du monde qui s'ajou-
terait au fait que John a une auto : il n'y a qu'un seul fait, le fait
que John a une auto qui est une Ford. Mais une telle conception
exclut que l'on puisse inventer rationnellement, suggérer des
idées inédites, formuler des hypothèses nouvelles : tout savoir
ne serait que le développement du plus infime embryon de
jugement vrai. Supposer cela, c'est se priver du moyen
d'expliquer la trouvaille géniale, et postuler un monde plus ou
moins déductible en fauteuil.

À l'évidence, même si cela ne résout pas toute la difficulté,
il convient de distinguer différents types de raisonnements,
selon qu'ils permettent ou non d'amplifier notre ensemble de
connaissances, c'est-à-dire selon qu'ils sont ou non *ampliatifs*.
Mais si la conclusion de l'inférence ne contient rien de plus que
ses prémisses, quel est l'intérêt d'un tel processus ? Et sinon,
comment est-il possible d'ajouter de la connaissance ?

DÉDUIRE

Un raisonnement non ampliatif est une déduction, raisonnement le plus sûr, et même le seul nécessaire. À ce titre, il ne
semble pas poser de difficulté. Est-il exact qu'il n'existe rien
de tel qu'un « problème de la déduction » ? Si l'on peut hésiter

1. L. Wittgenstein, *Tractatus logico-philosophicus*, § 5.122, *op. cit.*, p. 72.

quant à la nécessité d'une justification de la procédure déductive en général, il fait moins de doute que sa valeur informative pose problème : si les prémisses garantissent d'emblée la vérité de la conclusion, en quoi consiste le contenu informatif de celle-ci ? Justification et utilité de l'inférence déductive semblent entrer en conflit. Peut-être est-ce pour cette raison qu'on la présente tantôt en insistant sur sa propriété de conservation de la vérité, tantôt sur son indépendance à l'égard de toute question de vérité au contraire.

La déduction est le raisonnement qui nécessairement de prémisses vraies produit des conclusions vraies. L'autre définition en fait l'inférence nécessaire en vertu de la forme, indépendamment de la valeur de vérité des prémisses. Dans la première approche, la validité de la déduction réside la plupart du temps dans le passage d'une règle à un cas particulier (par exemple des hommes en général aux Grecs ou à l'individu Socrate). Elle dépend alors de l'analyse des significations (par exemple, de la compréhension du mot « homme » comme désignant la communauté humaine, à laquelle appartient notamment la nation grecque), donc de l'explication de ce que veulent dire les prémisses. Dans l'autre perspective, la validité logique est indépendante non seulement de la vérité mais du sens des propositions qui composent le raisonnement : celui-ci est nécessaire en tant que correct dans tous les mondes possibles, c'est-à-dire quelle que soit l'interprétation de ses signes non logiques (par exemple dans le cas de la déduction « p, q, donc (p et q) »). Les deux approches peuvent être réconciliées en extrayant dans la première un schéma d'inférence, composé de variables et de symboles logiques (par exemple $(S \rightarrow P)$ & $(M \rightarrow S) \rightarrow (M \rightarrow P)$). La validité du schéma d'inférence est garantie par une loi logique, qui ramène la déduction à sa dimension purement formelle. En résumé, « déduction » est le nom du raisonnement tel que si ses prémisses sont *ou étaient* vraies, alors sa conclusion est *ou serait* vraie, quels que soient par ailleurs les états de fait du monde.

Cette nécessité s'exprime psychologiquement par une force contraignante : en déduisant, nous ne pouvons pas faire autrement que tirer la conclusion qui s'impose à nous. Mais elle est plus qu'un fait psychologique : la déduction est le seul argument à exercer une force normative, ce qui signifie qu'effectuer la déduction sans en affirmer la conclusion serait une marque d'irrationalité [1]. Cela n'empêche pas qu'une déduction puisse porter sur des faits seulement probables. Soit les prémisses suivantes : « La plupart des habitants de Chelsea sont riches. John habite à Chelsea ». Peut-on en déduire une conclusion nécessaire ? Il est possible de répondre négativement en concluant que John est riche tout en précisant que le raisonnement est incertain. Il est aussi possible de répondre affirmativement en concluant que *nécessairement* « John est probablement riche ». Cette dernière option est préférable, car elle permet de maintenir la nécessité de toute déduction, qui s'applique en particulier aux probabilités numériques : si 80% des habitants de Chelsea sont riches, alors *nécessairement* 80% d'un échantillon représentatif de la population de Chelsea sont riches [2]. Même si la tendance actuelle est de voir dans ce

---

1. Cela étant dit, il est possible, et même très commun, d'être irrationnel. Nous pouvons aussi refuser la conclusion de manière tout à fait rationnelle en refusant d'effectuer l'inférence, par exemple en rejetant ou modifiant une ou plusieurs des prémisses initialement adoptées.

2. Bien sûr, le problème est de savoir comment définir ou sélectionner un échantillon *représentatif*. À cette fin, on peut faire intervenir la notion de long terme : est représentatif l'ensemble qui, à force de sélections successives, se corrige lui-même en se rapprochant de l'exactitude. Empiriquement, on est confronté à des fluctuations d'échantillonnage (qu'étudie la statistique), lesquelles diminuent lorsque le nombre d'échantillons augmente.

raisonnement une induction, puisqu'il semble seulement *probable* que l'on obtienne précisément 80% de riches dans l'échantillon, ou nécessaire que l'on obtienne *approximativement* 80% de riches, néanmoins, en tant qu'inférence d'un ensemble à un sous-ensemble, le raisonnement est bien une déduction, et même une déduction statistique, c'est-à-dire portant *sur* des probabilités. Cela montre qu'il est important de ne pas identifier raisonnement probable et raisonnement non déductif comme on le fait souvent : les raisonnements fondés sur des prémisses statistiques ne sont pas (tous) ampliatifs.

La transitivité est au cœur du syllogisme déductif, ce qui paraît clairement de la formule « M est S, or S est P, donc M est P » dès que la copule est remplacée par un symbole de conséquence. Cette particularité fait de la conclusion de la déduction une sorte de condensé des prémisses : $(M \rightarrow S \rightarrow P) \rightarrow (M \rightarrow P)$. C'est pourquoi la déduction est le raisonnement le moins informatif : tout ce qu'il permet de conclure était déjà virtuellement contenu dans les prémisses. Les propositions déduites sont donc relativement peu intéressantes. Pourtant, la déduction a servi pendant très longtemps de modèle général au raisonnement pour les logiciens, et passe pour être au principe des démonstrations mathématiques et logiques, voire du raisonnement rigoureux en général. Il est cependant douteux que Sherlock Holmes, n'eût-il fait usage que de capacités déductives, aurait jamais découvert la clef d'une seule énigme.

Quant aux mathématiques, elles font surgir un étonnant paradoxe : comment peuvent-elles être purement déductives et tirer des conclusions de manière apodictique, tout en étant le lieu de découvertes inépuisables ? Leurs déductions devraient être prévisibles et inintéressantes, or c'est tout le contraire. On peut résorber le paradoxe en contestant que les mathématiques soient seulement ou même essentiellement déductives :

la pratique d'un bon mathématicien requiert des capacités d'invention qui dépassent manifestement les limites de la déduction, ne serait-ce que parce que, pour un ensemble de prémisses donné, il existe une infinité de conclusions déductives valides, et que le mathématicien doit avoir assez de sagacité pour décider lesquelles tirer. Les règles de déduction n'orientent pas nos procédures d'inférence :

> Elles ne permettent pas d'isoler un énoncé comme « la » conclusion qui doit être dérivée des prémisses, pas plus qu'elles ne nous disent comment obtenir des conclusion intéressantes ou toujours importantes ; elles ne fournissent, par exemple, aucune procédure mécanique pour dériver des théorèmes de mathématiques notables à partir de postulats donnés [1].

Par exemple, une technique souvent utilisée en mathématiques, l'apagogie, couramment nommée raisonnement par l'absurde, repose sur un usage astucieux d'une propriété de l'implication, celle d'être équivalente à sa converse : $p \rightarrow q \Leftrightarrow$ non-$q \rightarrow$ non-p. Le raisonnement consiste à prouver qu'une hypothèse est fausse en en tirant une contradiction : on démontre que $p \rightarrow q$, et par ailleurs que non-q ; il en résulte immédiatement que non-p. De telles stratégies (déductives) d'établissement de la preuve doivent être choisies au cas par cas et ne résultent pas elles-mêmes de l'application de règles. En mathématiques, les règles de déduction servent plutôt de critères de contrôle pour juger de la solidité des raisonnements présentés à titre de démonstration. Parmi ces critères, l'« induction mathématique », ou raisonnement par récurrence, est bel et bien (malgré son nom) une procédure

---

1. C. Hempel, *Éléments d'épistémologie*, Paris, Armand Colin, 1972, p. 25.

déductive, même si elle conduit du particulier au général. Il faut donc distinguer entre règles de déduction et règles d'inférence, comme y a beaucoup insisté Gilbert Harman : les premières énoncent ce qui suit nécessairement de telles prémisses, mais pas ce qu'on doit faire. On peut décider de ne pas croire la proposition impliquée par l'argument parce qu'on a de bonnes raisons d'en douter, ou décider par exemple d'aller déjeuner et d'y réfléchir plus tard. C'est pourquoi Harman affirme que s'il existe assurément des *arguments* déductifs, il est paradoxalement moins certain qu'il y ait quelque chose comme d'authentiques *raisonnements* déductifs. Ou du moins ceux-ci suivent-ils des principes assez différents, incluant notamment l'intuition et la construction.

A-t-on pour autant prouvé que les mathématiciens ne procèdent pas par déduction ? Pas si l'on entend cette dernière en deux sens différents, issus de concepts antiques qui permettent de tenir ensemble l'alternative paradoxale de la certitude et de la fécondité du raisonnement déductif. Dans le premier livre des *Éléments*, Euclide distingue entre problèmes et théorèmes : ceux-là enseignent à construire un objet mathématique, tandis que les théorèmes démontrent les propriétés de ces objets. Quant aux *porisma*, les corollaires, ce sont des conséquences des théorèmes. Reprenant ces termes, Peirce a systématisé la distinction entre inférence corollarielle d'une part, immédiate et résultant de l'intuition ou d'une analyse purement logique, et inférence théorématique d'autre part, qui exige des lemmes ou postulats supplémentaires pour que soit menée à son terme la démonstration. Tandis que la conclusion d'un corollaire est obtenue par lecture graphique ou par une attention portée aux définitions des termes engagés dans le problème, le théorème appelle un « pas » supplémentaire, par exemple la construction de figures géométriques auxiliaires. L'état de choses exprimé dans les prémisses doit être représenté (mentalement ou par exemple sur une feuille de papier) et examiné. Ses éléments non explicitement mentionnés dans les prémisses sont alors aperçus ; encore reste-t-il à s'assurer par des variations imaginatives que les relations observées ne sont pas accidentelles mais subsistent nécessairement quelles que soient les particularités de la construction. Après cette première partie d'explication des hypothèses (au sens mathématique de prémisses du raisonnement ou données du problème, et non de conjectures), on peut procéder à la démonstration, deuxième versant de la déduction.

Si l'intérêt de la déduction-corollaire ne consiste pas dans sa fécondité mais dans sa sécurité, la fécondité n'est pas nulle dans la déduction-théorème, qui suppose l'explicitation, la visualisation, la mise au jour, etc., de données qui seraient autrement restées latentes. Surtout, le raisonnement peut faire apparaître des étapes et inférences intermédiaires qui sont autant de nouvelles connaissances. En réalité, il y a moins solution de continuité entre théorèmes et corollaires qu'une gradation de cas plus ou moins analytiques et synthétiques. Que signifie que des données étaient virtuellement ou implicitement présentes d'emblée ? Un critère psychologique ne suffit évidemment pas : il serait absurde de dire que q était contenu de manière vague dans p sous prétexte que celui qui accomplit le raisonnement ne l'avait pas aperçu. Si «être contenu» est confus en un sens psychologique, son sens logique est clair : pouvoir expliquer ce qui est impliqué. Est virtuellement présent dans les prémisses tout ce qui peut en être impliqué par une opération explicite de déduction.

Ainsi, la déduction s'avère beaucoup plus fructueuse qu'on aurait pu le croire. Cependant, un argument nécessaire ne peut faire davantage que maintenir l'hypothèse initiale cohérente avec elle-même, et ne saurait prouver aucun état de fait du monde. Son lien avec le réel n'est assuré que par la vérité des prémisses, et en particulier de la première, qui énonce une loi générale. Comment la connaissons-nous ? Sommes-nous par exemple certains que tous les hommes, sans exception, sont et seront toujours mortels ? Il faudrait préciser en quel sens cela pourrait être une vérité nécessaire ou ana-lytique, si tel est le cas. Cette affirmation d'un fait général (que tous les hommes sont mortels) semble plutôt devoir elle-même être conclue d'un autre raisonnement. Certains ont suggéré que dans un argument déductif la véritable prémisse puisse différer des prémisses apparentes : la règle serait en fait inférée en même temps que la conclusion. Ainsi, dans le syllogisme « Tous les hommes sont mortels ; Socrate est un homme ; donc Socrate est mortel », en réalité, du fait qu'Aristote, Louis XIV, Gandhi et autres étaient mortels, nous inférons d'un même mouvement que tous les hommes sont mortels et que Socrate est mortel. Dans cette conception d'inspiration millienne, il ne resterait plus de déductions, mais seulement des inductions. Au moins est-il certain que toute déduction part de certaines idées préconçues qu'il revient à un raisonnement inductif de garantir, à moins qu'il ne s'agisse de connaissances *a priori* ou de postulats non démontrés. Pour cette raison, John Stuart Mill soutient la thèse empiriste que « nous ne pourrions jamais arriver par le raisonnement à une connaissance, si nous ne pouvions pas, avant tout raisonnement, connaître déjà quelque chose »[1].

---

1. J. S. Mill, *Système de logique inductive et déductive,* Liège, Mardaga, 1988, p. 6.

INDUIRE

La conception commune selon laquelle, tandis que la déduction irait du général au particulier, l'induction, son opposé, ne serait qu'une généralisation à partir d'observations discrètes, est inexacte. Premièrement, une telle vision omet souvent qu'il existe plus de deux formes de raisonnement : tout raisonnement non déductif n'est pas inductif. Ensuite, il est plus précis de parler d'inférence d'échantillon à population que de généralisation : l'induction transfère à un ensemble une ou des propriétés qu'on sait appartenir à un sous-ensemble de celui-ci. Le mode de constitution de l'échantillon est dès lors primordial : chacun de ses membres doit posséder le caractère conditionnel de la classe de départ (par exemple « être un corbeau »), sans que la possession du caractère du conséquent (par exemple « être noir », si la conclusion est que tous les corbeaux sont noirs) ne soit prise en compte dans le choix.

Il existe deux grandes formes d'induction « par simple énumération » : d'instances à une généralisation en l'absence de contre-exemples, ou de cas particuliers à cas particuliers. Cette dernière forme, la prédiction d'un cas unique, par exemple que le soleil se lèvera demain, est considérée par certains (notamment John Stuart Mill et Rudolf Carnap) comme la forme paradigmatique de l'induction. C'est assurément elle qui est la plus utile dans la pratique, même si dans les sciences la généralisation est une opération fondamentale. Le cas-limite de l'énumération qui inclurait dans ses prémisses la liste exhaustive des cas possibles reviendrait à une déduction valide (du type $p \& q \& r$, etc. $\rightarrow p$).

Mais surtout, l'induction n'infère pas toujours à partir de particuliers, et ne conduit pas nécessairement à des lois ou principes généraux. Lorsque j'infère de « Tous les corbeaux que j'ai vus à ce jour étaient noirs » la conclusion « Tous les

corbeaux sont noirs », je passe bien d'un échantillon à une
population, mais à partir d'une prémisse déjà générale. Et
lorsque j'infère que le prochain corbeau que je verrai sera noir,
j'induis du général au particulier. Ainsi, de même qu'une
déduction n'est pas *essentiellement* un transfert de prédicat de
population à échantillon, de même l'induction n'infère pas
toujours de l'échantillon au général. Et contrairement à la
déduction, sa validité ne mène pas *nécessairement* à une
conclusion vraie.

Tout comme il remarque qu'il y a des arguments déductifs
mais peut-être pas d'inférences ou raisonnements déductifs,
Harman souligne qu'au contraire il y a bien des raisonnements
inductifs, même s'il est impropre de parler d'argument
inductif. Il est en effet indéniable que nous procédons à des
inductions. Par exemple, lorsque nous prévoyons que le soleil
se lèvera demain sur la base de notre expérience passée, nous
nous fondons sur la répétition des cas (le sous-ensemble de
tous les matins déjà vécus) pour inférer que le soleil se lèvera
dans le futur (une instance dans l'ensemble de tous les matins).
Mais ce raisonnement est-il soutenu par un argument
logiquement valide ? Sans doute pas. Notre observation des
prétendues régularités est très partielle, et ne vaut que pour
autant que nous n'ayons pas rencontré de contre-exemple.
Comme argument ampliatif, toute induction conclut davantage que ce que ses prémisses lui autorisent. Au reste, si
quelque nécessité imposait la conclusion que le soleil se lèvera
demain, ce ne serait pas une nécessité logique fondée sur des
prémisses, mais une nécessité physique ou métaphysique. Or
rien n'empêche *a priori* les régularités naturelles de se
modifier. C'est pourtant sur la présomption que l'uniformité
observée d'une certaine expérience limitée ne s'interrompra
pas brutalement que repose la confiance en l'induction. D'où
ce qu'on nomme depuis Hume l'énigme de l'induction :

aucune nécessité ne fonde la validité de l'induction. Dans quelle mesure celle-ci est-elle fiable ?

Goodman a depuis lors formulé une «énigme renforcée» de l'induction, en inventant le prédicat «vleu» (*grue*), censé signifier (par exemple) «vert avant 2050 et bleu après cette date». Toutes les émeraudes que nous avons vues sont vertes, mais aussi vleues, de sorte qu'on peut en induire à la fois qu'elles sont vertes et vleues. En suivant ce raisonnement, on en inférera que les émeraudes deviendront bleues après 2050 ! Mais on peut douter que ce problème ajoute une difficulté authentique au problème de l'induction. Selon l'analyse de Ian Hacking, cette énigme «n'est rien de plus qu'une façon croustillante de proposer une difficulté générale»[1] : le problème de Goodman est «pré-humien», et, portant plutôt sur les classes naturelles, aurait déjà pu être posé par Locke. Le problème de Hume demeure toutefois : une inférence d'observations à une loi ou à un cas futur n'a aucune justification. Au premier problème humien de la fiabilité du résultat de l'induction s'ajoute donc celui de la justification de la méthode, qui semble soit trop forte (si l'on mobilise la déduction, qui ferait de toute conclusion induite correctement une proposition vraie) soit circulaire : arguer que l'induction est acceptable parce qu'elle a toujours fourni des résultats satisfaisants, c'est se fonder sur ce qui est en jeu, un principe inductif.

Si l'inférence inductive ajoute ce qui n'était pas dans ses prémisses pour tirer une conclusion ampliative, inversement, elle exige aussi d'abandonner certaines informations contenues dans les prémisses, puisqu'elle conclut à une règle ou à un cas nouveau en faisant abstraction de nombre de particularités

---

1. I. Hacking, *Le plus pur nominalisme. L'énigme de Goodman : « vleu » et usages de « vleu »*, Combas, Éditions de l'Éclat, 1993, p. 16.

observées : en induisant de la mortalité de Charlemagne, Louis XIV et Gandhi que tous les hommes sont mortels, on néglige le fait qu'ils exercèrent un rôle politique de premier plan. L'information des prémisses ne sert donc pas directement à tirer la conclusion. À ce titre, une induction est toujours un argument invalide [1]. À condition d'être conduit correctement, il est toutefois souvent efficace et extrêmement utile. Quels sont les critères de cette correction ? Il existe des différences de force entre les différentes inférences inductives de même forme. Un échantillon ample est une meilleure base inférentielle. Il ne doit pas être biaisé, c'est-à-dire choisi en raison de préférences implicites. L'induction statistique sert notamment aux instituts de sondage : par exemple, si 30% des électeurs d'un échantillon non biaisé votent pour tel parti, alors je peux inférer que 30% des électeurs de tout le pays votent vraisemblablement pour ce parti. Mais si l'échantillon de votants interrogé est choisi sur le marché, il ne tiendra pas compte de la population (peut-être plus représentative) qui fait ses emplettes en grande surface. Ou si j'étudie les cygnes (noirs) du zoo d'Auckland en Nouvelle-Zélande, j'aurai un aperçu très différent de ceux du parc de Thoiry (blancs) sélectionné pour sa proximité. Une condition supplémentaire pour accroître la force des inductions est la nature des concepts en jeu : dans l'exemple de Goodman, l'étrange prédicat « vleu » n'est pas « projectible », c'est-à-dire qu'on ne peut inférer de l'échantillon au tout de la même façon qu'on le ferait avec « vert » [2].

1. C'est pourquoi il est important de ne pas confondre induction et déduction statistique, qui est logiquement valide.

2. La définition de la projectibilité est particulièrement épineuse. Pour N. Goodman, « une hypothèse est dite projectible si elle supplante toutes les hypothèses qui lui sont conflictuelles » (*Faits, fictions et prédictions*, Paris, Minuit, 1985, p. 109).

Idéalement, par un effet en retour, l'induction permet non seulement d'affirmer la conclusion, mais de réévaluer la proportion de vérité dans les prémisses après chaque nouvelle observation. Autrement dit, elle produit moins une proposition universelle qu'elle ne vise à établir la probabilité réelle qu'un individu membre d'une certaine classe ait un caractère donné. Mais ce genre de conclusion est seulement approximativement vrai, voire dans certains cas franchement erroné, par exemple lorsqu'on infère de « tous les cygnes que j'ai vus sont blancs » à « tous les cygnes sont blancs ». L'induction est en effet un raisonnement non monotone, c'est-à-dire que l'adjonction de prémisses (souvent, de nouvelles observations, ou des indices dans une enquête) peut contraindre à en réviser la conclusion : en élargissant l'échantillon connu, on risque de rencontrer un contre-exemple à la proposition inférée, par exemple, un cygne noir. Pourtant, la conclusion que tous les corbeaux sont noirs, obtenue par le même raisonnement à partir du même type d'observation, est vraie, en vertu d'une induction qui nous paraît satisfaisante. C'est la preuve qu'une bonne induction peut conduire à une conclusion fausse. Il faut donc distinguer entre la validité logique du raisonnement, sa correction, et la vérité de sa conclusion. Et c'est parce que l'induction n'est pas nécessairement concluante (pas logiquement valide) qu'elle peut conduire correctement à une proposition dont seul le réel déterminera la valeur de vérité.

INVENTER DES HYPOTHÈSES

L'induction n'est pas le seul raisonnement ampliatif et non monotone. L'abduction, parfois nommée rétroduction, introduit la nouveauté dans la pensée en permettant l'invention d'une hypothèse. Elle infère une proposition originale à partir de prémisses qui peuvent la suggérer mais n'en formulent pas la règle ni n'en énumèrent d'instances. Peirce, qui l'a formellement identifiée comme une opération de raisonnement distincte de l'induction, y voit « la seule opération logique qui introduit une idée nouvelle » [1].

Soit le célèbre exemple suivant [2] : Ignace Semmelweis, médecin attaché à l'un des deux services d'obstétrique de l'hôpital de Vienne dans les années 1840, déplorait une mortalité croissante due à la fièvre puerpérale chez ses patientes. Dans l'autre service d'obstétrique du même hôpital, ce mal demeurait très faible. Il échafauda plusieurs explications : la fièvre puerpérale était-elle due à des influences atmosphériques comme cela se disait ? Les deux services auraient été également touchés. Mourait-on à cause de la promiscuité ? Mais les femmes étaient encore plus entassées dans l'autre service. La maladresse des étudiants était-elle en cause ? La diminution de leur nombre de moitié fut suivie d'un pic d'épidémie. Les parturientes du premier service, plus exposées à la vue d'un prêtre qui allait porter les derniers sacrements, étaient-elles terrifiées et découragées au point de s'abandonner à la maladie ? Le prêtre fit un détour, mais sans effet. La solution fut inspirée à Semmelweis par la mort d'un confrère à la suite d'une autopsie où il avait eu le doigt accidentellement incisé. Semmelweis comprit alors, bien avant la découverte du rôle des microbes, que les médecins de son service eux-mêmes, faute de s'être lavé les mains après dissection, avaient transmis l'infection aux femmes en couches. Au cours de la formulation de chacune des hypothèses explicatives, et notamment lorsqu'il comprend l'importance de l'hygiène, Semmelweis procède à une abduction :

1. C. S. Peirce, *Collected Papers*, *op. cit.*, vol. 5, § 171, p. 106.
2. *Cf.* C. Hempel, *Éléments d'épistémologie,* *op. cit.* ; L.-F. Céline, *Semmelweis,* Paris, Gallimard, 1999.

sans savoir s'il a trouvé l'explication correcte, il propose du moins une idée nouvelle qui pourra par la suite être testée.

L'abduction est donc par excellence la procédure d'accroissement de connaissance, au fondement des découvertes scientifiques. Pour cette raison on l'identifie souvent à l'«inférence à la meilleure explication». L'hypothèse proposée fournit une explication, en donnant un fondement aux phénomènes observés et en rapportant les cas connus à un savoir plus compréhensif. Mais la notion d'inférence à la meilleure explication pose au moins deux grandes difficultés. Premièrement, comment être sûr que l'abduction fournit la *meilleure* explication? Les critères généralement retenus – cohérence, simplicité et généralité – sont très difficiles à caractériser. En outre, ils ne font pas l'unanimité : on peut préférer des hypothèses informatives et «audacieuses», dont le pouvoir explicatif est supposé plus grand, même si une hypothèse riche risquera davantage d'être fausse. Enfin, quels que soient les critères retenus, ce doit être la meilleure explication parmi de *bonnes* explications : si la meilleure explication est seulement la moins mauvaise, elle demeurera insatisfaisante. Or des contraintes d'«économie de la recherche», à commencer par un temps et des moyens intellectuels limités, nous empêchent d'examiner toutes les hypothèses possibles. Il semble donc peu probable que l'explication la meilleure *relativement* à toutes les hypothèses que nous pouvons formuler soit l'explication *absolument* la meilleure, à moins d'un privilège de l'espèce humaine qu'il resterait à expliquer : serions-nous prédestinés au «coup de génie»?

La deuxième grande difficulté posée par l'inférence à la meilleure explication est la suivante : pourquoi la «meilleure explication» (quels que soient les critères retenus) aurait-elle plus de chances d'être vraie? C'est ce qu'aucun argument logique ne garantit. En tant que raisonnement ampliatif,

l'abduction ne produit pas une conclusion logiquement nécessaire. Comme pour l'induction, on peut certes donner une
présentation formelle de l'inférence abductive, mais comme
pour l'induction, l'argument en lui-même est invalide :
la logique ne garantit pas que l'hypothèse qui explique de la
manière la plus « vraisemblable » certains faits connus est
vraie. On peut même se demander si l'esprit accomplit véritablement là une inférence, ou s'il n'y a pas plutôt un saut
explicatif, quelque « eurêka » sorti des profondeurs de
l'inconscient, de l'imagination ou du génie. C'est pour cette
raison qu'un auteur comme Karl Popper a rejeté dans les
arcanes psychologiques l'invention des hypothèses. Le travail
scientifique de Semmelweis ne commencerait selon lui qu'à
partir de la phase déductive. Pour Hempel aussi, il débute avec
le test des hypothèses, c'est-à-dire avec la mise en œuvre de la
« méthode hypothético-déductive ». Le débat est au cœur de
l'abduction : s'agit-il d'un concept réservé au contexte de justification comme semblent l'admettre la plupart des philosophes
contemporains, ou bien y a-t-il non pas seulement une psychologie mais une véritable logique de la découverte ?

　　Pour Peirce au contraire, l'abduction est bien une opération
logique, même si la vérité de la conclusion n'est pas inférée de
la vérité des prémisses : plutôt, « dans les hypothèses, quelque
chose *comme* la conclusion est prouvé »[1]. Qu'est-ce à dire,
sinon que l'abduction est un quasi-raisonnement logique, analogue sans être équivalent à une déduction ? Tout comme
l'induction, l'abduction correspond en effet à une forme du
syllogisme dont on aurait permuté les propositions :

---

1. C. S. Peirce, *Writings of Charles S. Peirce, A Chronological Edition,*
7 vol. parus, Bloomington & Indianapolis, Indiana University Press, 1982-
2010, vol. 2, p. 58.

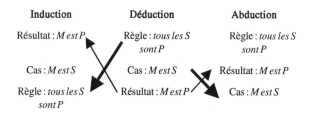

L'intérêt de cette formalisation est de faire apparaître une sorte de méthode logique derrière l'intuition et son prétendu mystère. Elle montre en outre que l'abduction n'est pas réductible à une inférence à la meilleure explication, laquelle prendrait plutôt la forme suivante :

Inférence à la meilleure explication

Observation surprenante : *M est P*

Hypothèses : *H1, H2, … Hn* sont des explications du fait que *M est P*

Conclusion : *Hmp* a une forte probabilité d'être (approximativement) vrai

Ce schéma ne dit rien de l'invention des hypothèses à proprement parler, tandis que l'abduction peircienne justifie son choix en inférant en conclusion ce qui serait apparu comme un « cas » dans le syllogisme déductif correspondant. Cependant, l'exemple de Semmelweis montre que dans la pratique, il est rare de découvrir du premier coup la meilleure hypothèse. Pour comprendre comment elle est sélectionnée, il convient d'expliciter la procédure complète du raisonnement scientifique.

FIXER DES CROYANCES

Dans la logique de la découverte, l'abduction correspond au moment de l'invention. Mais le but d'un raisonnement n'est pas seulement de proposer des hypothèses, il est de fixer la plus vraisemblable pour en faire une croyance. Le succès de cette fixation repose sur la procédure globale de recherche visant à résoudre un problème. Tout raisonnement a une fin, au double sens d'une visée et d'un terme : raisonner sert à lever un doute ou à remédier à un constat d'ignorance, c'est-à-dire à apaiser une crise de nos certitudes, et s'achève avec l'établissement d'une nouvelle croyance ou d'un nouvel ensemble de croyances, au moins provisoirement stables.

Davantage qu'un simple raisonnement, l'enquête exige une méthode, celle qui est employée par excellence dans les sciences empiriques. La méthode scientifique enjoint d'appliquer les trois raisonnements précédemment décrits dans un certain ordre. L'abduction vient tout d'abord apaiser ce qu'on peut appeler de manière générale un état de doute, par exemple une perplexité, la déception d'une attente, ou l'observation d'un phénomène surprenant. L'hypothèse inventée et sélectionnée fournit une explication du phénomène telle que si elle est vraie, le phénomène se trouve intégré dans le cours normal des choses. Après cette première étape, des conséquences sont déduites de l'hypothèse adoptée par provision afin de la tester. Deux contraintes pèsent sur ces conséquences : elles doivent porter sur d'autres phénomènes que l'observation initiale qui a donné naissance à l'hypothèse, et être testables, c'est-à-dire telles qu'on puisse inventer des expériences dont les résultats indiqueront si ces nouveaux phénomènes se réalisent ou non. Autrement dit, dans la méthode scientifique, la déduction sert à tirer des conclusions sur les phénomènes qu'on devrait s'attendre à observer si l'hypothèse obtenue par abduction est correcte.

Comme le remarque Hempel, de telles implications le sont donc en deux sens : «elles sont des implications des hypothèses dont elles sont dérivées et elles ont la forme de propositions en "si... alors" que les logiciens appellent des conditionnelles » [1]. Ces conditionnelles expriment des lois ou dispositions qui doivent ensuite être testées. Les expérimentations pertinentes sont menées à cette fin. Cette procédure peut être qualifiée d'inductive, car les résultats sont élargis au-delà des observations effectuées. La phase inductive inclut à la fois les mises à l'épreuve, le test à proprement parler, et des procédures d'évaluation de ces tests pour parvenir à un jugement sur le résultat global. Au contraire de l'abduction qui part de l'expérience et contribue à fournir la conclusion de l'enquête, l'induction retourne donc à l'expérience pour évaluer ce contenu. C'est elle qui «nous donne la seule approche de la certitude que nous puissions avoir concernant le réel», incarnant « le seul imperator valable de la recherche de la vérité » [2]. En effet, en testant l'hypothèse recommandée par l'abduction, c'est l'induction qui reçoit les prédictions empiriques pour voir si elles se réalisent.

Si au terme des expériences et observations les phénomènes déductivement prévus s'avèrent, l'hypothèse est non pas confirmée ou vérifiée (comme y a insisté Popper), mais du moins un peu renforcée, et ce d'autant plus que le nombre de déductions testées est élevé. Si au contraire les choses ne se passent pas comme prévu, retour à la case départ : l'hypothèse originale est falsifiée, d'où nouvelle abduction et nouvelle

1. C. Hempel, *Éléments d'épistémologie, op. cit.*, p. 30.
2. C. S. Peirce, *Œuvres philosophiques,* 3 vol. parus, Paris, Cerf, 2002-2006, vol. 2, p. 195.

hypothèse, qui devra expliquer cette fois non seulement le phénomène surprenant à l'origine de la recherche, mais aussi les nouvelles découvertes faites au cours du processus de test. Pour résumer, le chercheur commence par faire l'hypothèse de ce qui *peut* être, puis en déduit ce qui *doit* être si l'hypothèse est correcte, et constate (ou non) par induction que ces conséquences s'accordent avec ce qui *est* effectivement réalisé.

Il est désormais plus aisé d'expliquer l'efficacité de l'abduction malgré son caractère logiquement invalide : ce qui justifie le recours à l'abduction, c'est précisément cette efficacité ! En effet, l'explication la plus simple du fait que nos méthodes scientifiques sont dans l'ensemble fiables consiste à affirmer que nos théories sont au moins approximativement correctes, ou s'approchent de la vérité. Or ces théories ont été obtenues de manière abductive. C'est donc que l'abduction est une méthode de raisonnement fiable. Bien sûr, cette justification est circulaire, mais pas pour autant nécessairement vicieuse : à tous les niveaux, le recours à l'abduction renforce la pertinence de celle-ci. De même que chaque nouvelle observation d'un corbeau noir renforce l'induction que tous les corbeaux sont noirs sans jamais en prouver la vérité, de même chaque usage réussi de l'abduction vient confirmer qu'il s'agit d'une bonne méthode [1]. Que la propension du raisonnement abductif à conduire à des conclusions vraies dans l'ensemble (au moins approximativement, ou statistiquement) soit due à des coups de génie, à une « lumière naturelle » de l'intelligence (selon une expression chère aux théologiens), à l'évolution biologique ou à la ressemblance de l'homme à son créateur,

---

1. Le cas diffère cependant de la justification inductive de l'induction. On ne propose pas ici une justification abductive de l'abduction, mais une thèse réaliste : si l'abduction fonctionne la plupart du temps, c'est parce qu'elle décrit à peu près correctement le réel.

la question n'a pas besoin d'être tranchée pour que soient garanties les conclusions du raisonnement abductif.

Un des avantages de ce modèle du raisonnement scientifique est de rendre compte de la réalité des opérations mentales, y compris dans la vie courante. Par exemple, à la suite d'un raisonnement nous ne faisons pas qu'accepter de nouvelles propositions, nous en abandonnons aussi certaines. Raisonner conduit à réviser ses croyances, à changer de conceptions. Nous ne raisonnons pas en suivant servilement des preuves, lesquelles sont plutôt des arguments construits dans un second temps. Nous partons souvent de conclusions pour remonter aux prémisses, ou d'intermédiaires que nous déroulons à la fois en amont et en aval. Toute l'épistémologie fondationnaliste s'en trouve bouleversée. Pour Descartes, une inférence a la certitude de la plus faible de ses étapes : « Mais à coup sûr, dès qu'un chaînon, fût-il insignifiant, est oublié, voilà la chaîne aussitôt rompue, et toute la certitude de la conclusion s'effondre »[1]. Le modèle de la révision des croyances par abduction, déduction et induction se caractérise au contraire par un pluralisme des raisons de croire chez l'agent rationnel : « Son raisonnement ne devrait pas former une chaîne, laquelle n'est pas plus solide que son maillon le plus faible, mais un câble dont les fibres peuvent être toujours plus fines du moment qu'elles sont suffisamment nombreuses et intimement connectées », estime Peirce[2]. La déduction sert à la fois d'administration de la preuve et d'argumentation essentiellement rhétorique, mais les raisons de croire constituent un faisceau plus complexe et hétérogène résultant d'une variété de raisonnements.

---

1. R. Descartes, *Règles pour la direction de l'esprit*, *op. cit.*, p. 388.
2. C. S. Peirce, *Writings*, *op. cit.*, vol. 2, p. 213.

CONTRÔLER L'IMAGINATION

Abduction, déduction et induction semblent être les constituants élémentaires de notre pensée rationnelle. N'existe-t-il
pas d'autres formes de raisonnement ? Certains arguments de
nature logique peuvent inviter à penser que cette liste est close.
Mais l'analogie par exemple n'est-elle pas un raisonnement
sui generis ? Les différentes formes d'abstraction n'en
relèvent-elles pas également ? Peut-être faut-il accepter, à côté
des inférences logiquement constructibles, des procédures de
pensée moins rigoureuses empruntant certaines de leurs carac-
téristiques à l'un ou l'autre des raisonnements formels. Les
analogies, « ces comparaisons fondées sur la structure, qui
permettent une sorte de raisonnement »[1], expriment
simplement des identités de rapports (A/B = C/D), constituant
sinon une méthode valable pour s'orienter dans la pensée, du
moins un auxiliaire aux raisonnements véritables. La comparaison ne saurait être tenue pour une forme de raisonnement à
proprement parler, car elle ne conclut pas à un résultat mais
consiste simplement en une mise en relation. Pourtant,
comparer, de même qu'observer, prélever des informations,
analyser, trier, classifier, coder, faire une synthèse ou évaluer,
ne sont-ce pas là les activités au cœur du raisonnement, dans
les sciences empiriques et même au quotidien ? N'est-ce pas du
reste l'usage et la variété de ces procédés qui caractérisent
différents « styles de raisonnement » (concept développé par
Ian Hacking d'après A. C. Crombie)[2] ? Par exemple, Jean-
Claude Passeron a montré que :

1. P. Valéry, *Cahiers II,* Paris, Gallimard, 1973, p. 1010.
2. I. Hacking, « Statistical language, statistical truth and statistical reason :
the self-authentification of a style of scientific reasoning », *in* E. McMullin
(ed.), *The Social Dimensions of Science*, Notre Dame, University of Notre
Dame Press, 1992, p. 130-157.

Le raisonnement sociologique repose sur un style de conceptualisation des données qui consiste à monter comparativement, dans une argumentation de plus en plus serrée faisant intervenir de plus en plus de traits d'un «contexte» singulier, davantage de «faits» décrits typologiquement dans des contextes différents [1].

Il se définit aussi, comme le raisonnement historique, par un rapport particulier au corpus, auquel force est de confier une stature représentative y compris en l'absence de toutes les garanties statistiques, pour «faire preuve avec les données observables, même lorsque celles-ci sont rebelles à l'échantillonnage, dès lors qu'une argumentation peut les rendre pertinentes afin d'affirmer, nier ou conjecturer». Cette spécificité, et d'autres, interdiraient une formalisation stricte du cheminement des sciences humaines, avec ses descriptions, interprétations et argumentations sinueuses et hétérogènes. Dans les termes de Passeron, hors des sciences formelles, «l'espace assertorique» des propositions ne se réduit pas à son «espace logique».

On répondra que comparaison, classification et autres sont des procédés qui ne produisent pas directement une conclusion, comme le font en propre les raisonnements : de telles opérations techniques doivent être intégrées dans des actes de pensée dirigés vers une fin, en quoi consistent les raisonnements. La diversité des méthodes spécifiques à chaque domaine (recherche de vestiges, enquête quantitative, questionnaire, etc.) ne doit pas être confondue avec les formes de raisonnement qui leur sont communes.

---

1. J.-C. Passeron, «L'Espace mental de l'enquête (I)», *Enquête*, n°1, 1995, p. 13-42.

Mais il importe finalement assez peu de savoir si analogie et autres formes de pensée sont en mesure de présenter leurs titres pour entrer dans le club très fermé du raisonnement. Le principal est surtout la façon dont s'équilibrent ces figures créatrices d'idées et de savoir. On a vu comme les mathématiques sont le lieu de la construction et de l'invention, au point que leur exigence de vision stratégique a pu être opposée à la simple tactique logique. L'hypothèse arrive quant à elle en bloc pour engager une représentation synthétique du monde, effectuant ainsi ce que Bachelard appelle « la réalisation du rationnel », union indissociable de la pensée et du monde, de la théorie dans l'observation. Le recours à l'analogie, à la fiction et à l'imagination participe aussi de cette production de compréhension. Bachelard en fait le moteur de la science, à condition de nettement délimiter le passage de la rêverie à l'hypothèse : l'avènement de la science nouvelle correspond au saut du « comme si » au « pourquoi pas » (par exemple, en arrêtant de *feindre* que deux droites pourraient délimiter un plan, mais en l'*acceptant* puisque cela fonctionne sur une sphère, « réalisant » ainsi les géométries non-euclidiennes)[1]. Construction de modèles, translations et transferts, changements de perspective participent à la fécondité de nos raisonnements sans pour autant en mettre en péril l'essentielle unité.

S'il y a une leçon à retenir de la critique pluraliste qui conteste la possibilité de réduire tout raisonnement aux trois inférences formelles, elle est autre. Inventer et justifier des propositions est une chose, mais on raisonne souvent pour faire un *choix*. Imaginons avec Grice une personne qui a promis de donner une série de conférences, et qu'on presse de fournir des titres pour la publicité de ses interventions. Comme elle n'a pas encore commencé à y réfléchir, elle se met à penser à plusieurs

---

1. G. Bachelard, *Le Nouvel Esprit scientifique*, Paris, P.U.F., 1934.

options, envisage d'annuler, se rappelle la façon dont les choses se sont déroulées dans le passé, etc. [1]. Pendant tout ce temps, l'orateur raisonne, et pourtant, rien de cela ne semble cadrer parfaitement avec la logique inférentielle du raisonnement *théorique*. Ce constat invite à prendre en compte la nature *pratique* du raisonnement, qui est en relation avec la volonté.

---

1. P. Grice, *Aspects of Reason, op. cit.*, p. 18.

Chapitre III

AGIR RATIONNELLEMENT

Jusqu'à la révolution cognitiviste du siècle passé, l'action rationnelle était le plus souvent définie comme morale, ou au moins de bon sens, raisonnable. C'est penser le raisonnement pratique comme une forme affaiblie du raisonnement théorique, selon un schéma opposant la raison aux passions. Cette caricature de tradition philosophique est balayée par l'examen de la rationalité technique ou instrumentale, dont le but est le succès pratique. En tant qu'acte, *tout* raisonnement vise avant tout le succès, lequel est la plupart du temps atteint lorsqu'il permet de prendre de bonnes décisions. Or, comme l'analyse de l'induction l'a montré, il n'est pas nécessaire qu'un raisonnement soit véridique pour être un bon raisonnement, c'est-à-dire un acte mental réussi. Bouleversant la conception « cartésienne » d'un sujet fondant ses croyances sur un savoir certain, le vingtième siècle s'est aperçu que la rationalité humaine est très faillible et atteint rapidement ses limites, et même, plus étonnamment, qu'il est parfois préférable de se tromper. Car on raisonne toujours dans une situation, avec un certain but, en mettant en œuvre une stratégie, c'est-à-dire en contexte ; et la validité des inférences qui s'y font peut n'être que relativement peu payante. C'est pourquoi il apparaît que raisonner est moins l'exercice d'une faculté naturelle qu'un processus singulier requis par certaines situations, exigeant des compétences qui ne dépendent pas seulement, ni peut-être même essentiellement, de règles logiques. Quelles sont dans les faits les contraintes pesant sur les raisonnements humains, et à quoi sont-elles dues ?

ACCOMPLIR UNE TÂCHE

La méthode scientifique enchaînant la séquence abduction-déduction-induction propose une norme méthodologique pour les chercheurs. Elle est censée décrire également la façon dont nous raisonnons quotidiennement. Cependant, les expériences de psychologie montrent que cette méthode décrit plutôt ce que nous *devrions* faire. En fait, nous sommes souvent irrationnels dans notre manière de penser. La fréquence des erreurs de raisonnement est si élevée qu'on peut douter que la vérité soit sa seule visée. La valeur d'un raisonnement se mesure aussi, et peut-être surtout, à son efficacité : il s'agit de parvenir à un résultat qui fonctionne bien.

L'expérience la plus célèbre révélant ce fait est la tâche de sélection de Wason, du nom de l'auteur d'une étude parue en 1960. Le problème est le suivant. Soit quatre cartes comportant chacune un chiffre sur une face et une lettre sur l'autre. Elles sont posées à plat, avec les faces visibles suivantes : A, K, 2, 7. La consigne est de sélectionner la ou les carte(s) qu'il *faut* retourner (au minimum) pour tester l'hypothèse suivante : toute carte qui a un A sur une face a un 7 sur l'autre face.

Wason a observé qu'une grande majorité de personnes interrogées (environ 80%) se trompe, et que la plupart donnent la réponse incorrecte « A et 7 ». Cette proportion est à peu près stable quels que soient les sujets de l'enquête (les logiciens ne réussissent pas mieux que les autres !). Ils commettent ce qu'on appelle le sophisme de l'affirmation du conséquent, en assimilant implicitement « derrière tout A se cache un 7 » à « derrière tout 7 se cache un A ». Le raisonnement correct, qui permet de parvenir à la réponse « A et 2 », fait s'équivaloir « derrière tout A se cache un 7 » et « derrière tout non-7 se cache un non-A », selon la règle du *modus tollens* ($p \rightarrow q \Leftrightarrow \neg q \rightarrow \neg p$). Outre la carte A, c'est donc la carte portant un chiffre « non-7 », en l'occurrence 2, qu'il faut retourner pour tester l'hypothèse.

De nombreuses interprétations de cette erreur ont été proposées. L'une des plus plausibles est celle d'un biais d'appariement : les sujets répètent dans la réponse les données de l'énoncé (A et 7). Et s'ils agissent ainsi, c'est en vertu d'un critère pragmatique simple : la plupart du temps, « ça marche ». Souvent en effet, il serait fastidieux de prendre en compte toutes les données disponibles, et l'inférence ne se fait qu'à partir des informations qui semblent les plus appropriées dans le contexte, selon un « principe cognitif de pertinence » (Sperber et Wilson). Nos raisonnements peuvent être affectés par d'autres biais, par exemple le biais de croyance : nous avons tendance à accepter plus volontiers les conclusions de raisonnements valides qui nous semblent vraisemblables (par exemple une croyance que nous entretenions déjà), et nous rejetons plus difficilement les conclusions invalides lorsqu'elles nous semblent crédibles. Ces biais montrent qu'au lieu de procéder aux inférences requises méthodiquement, nous avons tendance à « sauter » des prémisses à la conclusion qui semble la plus évidente dans un contexte particulier (en l'occurrence, un contexte dans lequel on ne se préoccupe pas des cartes qui ne portent ni A ni 7). Il faut agir vite, et trop raisonner peut être un frein à l'action.

La psychologie évolutionniste interprète cet « empressement » comme un résultat de la sélection naturelle : raisonner vite et bien est parfois d'une importance vitale, ou l'a été dans le passé de l'espèce humaine. Trop raisonner en revanche peut être malsain, par exemple si cela a pour effet d'augmenter notre confiance épistémique et conforter par là des croyances fausses, de creuser les divergences et polariser les attitudes dans un débat, ou de nous fournir des excuses afin d'échapper à nos devoirs moraux. Nous serions donc constitués en quelque sorte pour ne pas raisonner outre mesure. Les approches psychologiques du raisonnement semblent ainsi montrer que nos capacités de raisonnement sont adéquates quoique défectueuses : accomplir toutes nos inférences en observant scrupuleusement les règles logiques ne serait pas souhaitable dans tous les contextes. Autrement dit, il est parfois déraisonnable d'être rationnel.

D'autres études de la tâche de sélection ont révélé l'importance des domaines dans lesquels sont effectués les raisonnements. Ainsi, une tâche formellement analogue à l'exemple précédent, c'est-à-dire requérant de procéder au même raisonnement logique, mais substituant aux cartes, lettres et chiffres respectivement des enveloppes, des timbres et le fait d'être ouvert ou fermé, fournit de bien meilleurs résultats. L'exercice devient extrêmement évident lorsqu'il s'applique à des situations communes : par exemple, pour vérifier dans un bar l'hypothèse « aucun mineur ne consomme d'alcool », on s'intéressera à ce que boivent les mineurs (en retournant la carte « mineur », pour ainsi dire) et à l'âge des buveurs d'alcool (en retournant la carte « alcool »). Personne n'aura l'idée d'inquiéter les buveurs de limonade ou les vieux loups accoudés au comptoir, et de fait, le taux de mauvaises réponses dans cette expérience tombe à 20% environ. Ce phénomène tendrait à prouver que nos raisonnements consistent moins en l'application de règles générales qu'en mécanismes spécifiques à certains domaines (par exemple, l'obligation et la permission) ou à certaines tâches (notamment la détection de tricheurs, en l'occurrence les mineurs « alcooliques »).

Cela conforte l'hypothèse de modules spécifiques qui traitent ces différentes tâches dans une relative autonomie. Une thèse convaincante, défendue notamment par Jonathan Evans, est celle des «deux esprits», c'est-à-dire d'un processus dual : les raisonnements seraient opérés non par un mais par deux systèmes mentaux [1]. Le système 1 est une heuristique « rapide et frugale » (Gigerenzer), qui produit des raisonnements automatiques et principalement inconscients. Ses conclusions ne requièrent pas d'efforts et sont justes dans la plupart des contextes, mais pas dans les situations peu communes où un psychologue a voulu tester les limites de la rationalité humaine. Le système 2 procède à des inférences contrôlées, qui permettent si nécessaire de corriger réflexivement les inférences intuitives du système 1. Le raisonnement conscient serait donc une activité destinée à suppléer les manquements aux principes de rationalité, que nous faisons nôtres lorsque les processus automatiques ne parviennent pas à les satisfaire. La faculté de raisonner se serait développée pour palier les faiblesses naturelles de nos instincts.

1. J. S. B. T. Evans, *Bias in Human Reasoning : Causes and Consequences*, Hillsdale, Lawrence Erlbaum, 1989.

ÉLIMINER DES POSSIBLES

Le doute porté sur l'existence de règles générales du raisonnement a conduit à explorer d'autres approches. Deux grandes conceptions du raisonnement sont ainsi entrées en débat, la logique mentale et la théorie des modèles mentaux. La première entend préserver l'idée de règles d'inférence. Pour son principal défenseur, Jean Piaget, le développement des structures opératoires de l'intelligence correspond à l'acquisition par l'enfant d'une logique, d'abord concrète puis formelle. Cela signifie que logique et psychologie ont le même objet, la pensée. Dans la même ligne, Martin Braine et Lance Rips considèrent que l'esprit humain est naturellement pourvu de règles formelles d'inférence, parmi lesquelles le *modus ponens* (si p alors q, or p, donc q) ou l'élimination de la disjonction (p ou q, or non-p, donc q). Raisonner consiste selon cette théorie à inférer en vertu des seules règles syntaxiques dont nous disposons, celles d'une logique non-classique et incomplète. C'est dire que la logique mentale n'est qu'une partie de « la » logique (des logiciens). Cette limitation expliquerait certaines défaillances des agents rationnels. Par exemple, la tâche de Wason requiert l'utilisation du *modus tollens* (s'il y a un chiffre qui n'est pas 7, alors il y a une lettre qui n'est pas A), principe qui n'est pas au nombre des règles de la logique mentale, d'où la plus grande difficulté à raisonner correctement à son sujet.

Dans l'approche concurrente, la théorie des modèles mentaux développée par Philip Johnson-Laird, le but d'un raisonnement est l'élimination de possibles. Pour ce faire, nous construisons des modèles, qui font apparaître les différentes combinaisons de possibilités. Soit l'exemple suivant. Ayant rendez-vous avec un ami qui n'arrive pas, je me dis :

« Soit Benoit est en retard, soit je me suis trompé d'heure ». J'ai formulé deux possibilités concurrentes. Par ailleurs, je sais que la proposition suivante est vraie : « Benoit n'est jamais en retard ». J'élimine donc mentalement l'une des deux possibilités, et j'en déduis que je me suis trompé d'heure. C'est parce qu'elle n'élimine à peu près aucune possibilité que la déduction est peu informative. L'induction en revanche est fructueuse en ce qu'elle consiste à éliminer nombre de possibles qui ne sont pas évoqués dans les prémisses. Ainsi, en passant de « tous les cygnes que j'ai vus sont blancs » à « tous les cygnes sont blancs », je décide (à tort) de tenir pour impossible un monde qui contiendrait des cygnes noirs. Plus générale-ment, pour Johnson-Laird, raisonner requiert pour un sujet d'abstraire certaines informations afin de se représenter un modèle d'états de choses possibles décrivant une partie du monde, et d'éliminer en pensée les possibilités superflues. Le modèle mental est comme un plan d'architecte faisant tenir ensemble tous les traits « compossibles » d'un certain état de choses [1].

La théorie des modèles rend aisément compte des faillites de la rationalité telles que celle mise en évidence par la tâche de Wason. Au contraire de la psychologie évolutionniste, qui voit dans nos erreurs des réponses prédéterminées par notre déve-loppement phylogénétique, Johnson-Laird considère que nous raisonnons bel et bien, et que ce sont des erreurs de raisonne-ment à proprement parler que nous commettons. Mais ce ne sont pas des erreurs de *logique*. En effet, les capacités ration-nelles ne se réduisent pas à des compétences logiques : il faut aussi être capable de modéliser, c'est-à-dire d'abstraire les

---

1. P. Johnson-Laird, *Mental Models : Towards a Cognitive Science of Language, Inference, and Consciousness*, Cambridge, CUP, 1983.

informations pertinentes, de recouper les possibilités et de déceler celles qui sont incompatibles. Plus les possibilités à traiter seront nombreuses, plus le sujet risquera de mal raisonner. Car, explique Johnson-Laird, nous ne construisons pas un mais des modèles. Une fois un premier modèle élaboré et une conclusion tirée, encore nous faut-il évaluer cette dernière. Si elle est contredite par un autre modèle lui aussi compatible avec les prémisses, alors une nouvelle conclusion, cette fois compatible avec tous les modèles à disposition, doit être recherchée.

Soit l'exemple du test suivant : « Tous les Français du restaurant sont des gourmets. Certains des gourmets du restaurant boivent du vin. Peut-on en déduire une conclusion, et si oui, laquelle ? » La plupart des sujets répondent : « Certains Français du restaurant boivent du vin ». Voici le modèle qu'ils ont construit :

français	gourmet	buveur de vin
français	gourmet	buveur de vin
français	gourmet	
français	gourmet	

Mais ce modèle ne correspond pas aux prémisses, comme on s'en aperçoit aisément en substituant par exemple « être italien » à « être buveur de vin ». L'erreur vient de ce que le modèle a omis de représenter un éventuel gourmet buveur de vin qui ne serait pas français. Un nouveau modèle doit donc être élaboré :

français	gourmet	
français	gourmet	
français	gourmet	
français	gourmet	(buveur de vin ?)
	gourmet	buveur de vin

Ce deuxième modèle montre qu'il est impossible de déterminer d'après les données initiales si certains buveurs de vin sont français ou non. Mais il pourrait encore laisser croire qu'est correcte la conclusion : « Tous les buveurs de vin sont des gourmets ». Là encore, c'est faute de représenter certains cas possibles supplémentaires que le modèle permet des inférences en fait invalides. Un modèle plus complet sera finalement :

français	gourmet	
français	gourmet	
français	gourmet	
français	gourmet	(buveur de vin ?)
	gourmet	buveur de vin
	gourmet	
		buveur de vin

Des prémisses proposées dans le test, on ne peut finalement rien déduire. C'est de la difficulté à traiter ensemble tous les modèles que dérivent les erreurs de raisonnement : pour minimiser l'effort, nous ne modélisons que partiellement les cas, laissant implicites des possibles que nous omettons par la suite.

RENDRE EXPLICITE

La théorie des modèles a pour particularité de faire relativement peu de cas de la logique. En se concentrant sur la représentation des possibilités gérées par l'examen mental, elle tend à passer sous silence la manière dont se font la description, l'élimination et la sélection des cas possibles. Autrement dit, l'élucidation de l'aspect inférentiel est perdue. C'est pourquoi il est tentant de revenir à une théorie de l'inférence, mais dont le modèle ne serait pas du tout formel, afin d'expliquer nos échecs de rationalité. On retiendrait de la logique mentale l'idée de règles de transition entre propositions, et de la théorie des modèles l'utilisation du contenu des possibilités envisagées.

Ainsi peut-on voir en quelque sorte l'ambition de la théorie de l'inférence matérielle. Selon elle, les inférences seraient essentiellement valides en vertu de la signification des concepts qu'elles mentionnent, et non de leur forme. On peut en effet avoir l'impression que les règles de la logique ne sont pas premières mais dérivées d'inférences plus fondamentales menées indépendamment des constantes logiques. Par exemple, dans l'inférence « Socrate est plus âgé que Platon, donc Platon est plus jeune que Socrate », seule la signification des termes « âgé » et « jeune » garantit la validité de la déduction. Il en va de même pour « Paris est au nord de Marseille, donc Marseille est au sud de Paris ». On peut même considérer qu'un syllogisme comme « Tous les hommes sont mortels, or Socrate est un homme, donc Socrate est mortel » ne vaut que parce qu'il appartient à la définition de l'homme (et notamment de l'homme Socrate) d'être un mortel. La forme logique n'est alors que la contrepartie explicite de cette inférence, qui était d'emblée acceptée comme correcte.

Ce modèle a été élargi par Wilfrid Sellars, qui a montré que l'inférence matérielle ne se réduit pas aux vérités analytiques du type « X est célibataire donc X n'est pas marié »[1]. Par exemple, ce qui garantit la validité de l'inférence de « Il pleut » à « Les rues vont être mouillées » est un conditionnel contre-factuel matériel (ce que Carnap nommait une « règle-P », pour « physique »). Il n'est pas nécessaire de suppléer le principe

---

1. W. Sellars, « Inference and Meaning », *Mind,* 62, n°247, 1953, p. 313-38.

implicite que toutes les fois qu'il pleut les rues se trouvent mouillées, c'est-à-dire, de considérer l'inférence comme un enthymème : l'inférence matérielle n'est pas plus la forme abrégée d'une inférence logique valide qu'elle n'est une simple association d'idées fondée sur l'habitude. Son autorité est originaire et non dérivée, de sorte qu'énoncer la règle logique qui transformerait l'inférence en une déduction formelle est inutile. L'idée est reprise de Wittgenstein, qui remarque :

> Si p suit de q, je puis déduire p de q, tirer de q la consé-
> quence p. La manière de déduire ne peut être tirée que des
> deux propositions. Elles seules peuvent justifier la déduction.
> Des «lois de la déduction», qui – comme chez Frege et
> Russell – doivent justifier les déductions, sont vides de sens,
> et seraient superflues [1].

Postuler le contraire, estime Sellars, serait adhérer à un dogme formaliste qui identifierait rationalité et logique, substituant une capacité logique implicite à la capacité d'évaluer les règles de convenance de l'inférence matérielle. Remarquons que cette insistance sur l'inférence matérielle permet de refuser des compétences logiques trop étendues aux animaux tout en reconnaissant qu'ils tirent des inférences. À un Dennett soutenant que la souris croit au *modus ponens*, ou du moins suit cette règle, « puisque nous lui avons attribué les

---

1. L. Wittgenstein, *Tractatus logico-philosophicus*, *op. cit.*, § 5.132, p. 73. Pour une autre interprétation de cette proposition incriminant la confusion entre langage-objet et métalangage, *cf.* M. Marion, « Qu'est-ce que l'inférence ? Une relecture du *Tractatus logico-philosophicus* », *Archives de Philosophie,* 3, n° 64, 2001, p. 564 : « C'est que pour Wittgenstein l'inférence doit se faire litté-ralement sous nos yeux et il n'y a pas besoin de faire appel pour cela à un énoncé de la règle dont nous aurions à suivre la trace mentalement ».

croyances : *a*) il y a un chat à gauche, et *b*) s'il y a un chat à gauche, je ferais mieux de ne pas aller à gauche, et notre prédiction reposait sur la capacité de la souris à tirer cette conclusion » [1], on répondra que la souris tire une inférence pratique, mais que rien ne dit qu'elle est logique plutôt que matérielle. Toutes les actions n'ont sans doute pas besoin d'une loi. Comme le dit Wittgenstein : « L'écureuil n'infère pas par induction qu'il va encore avoir besoin de provision l'hiver prochain » [2].

D'où proviennent les significations qui font la matière des inférences ? Une autre piste d'inspiration wittgensteinienne consiste à considérer que c'est précisément le réseau des inférences dans lesquelles sont prises les propositions qui leur confère leur signification. Les règles matérielles de transformation viennent déterminer la signification des termes non logiques, dans le cadre établi par les règles logiques. Le contenu conceptuel de l'expression « être mouillé » par exemple n'est pas l'objet d'une représentation préalable mais émane du raisonnement selon lequel s'il pleut les rues vont être mouillées. L'ensemble des inférences garantit le bon usage des termes, et partant, la validité des raisonnements. Mais si les inférences se soutiennent entre elles, et s'il n'est plus possible de faire appel au fondement de la validité logique, quel est le critère d'une bonne inférence ? Il réside, estime Robert Brandom, dans la pratique sociale consistant à faire des inférences [3]. Exploitant l'idée wittgensteinienne que suivre une

---

1. D. Dennett, « Intentional Systems », *The Journal of Philosophy,* 68, n° 4, 1971, p. 95.

2. L. Wittgenstein, *De la certitude*, Paris, Gallimard, 2006, § 287, p. 85.

3. R. Brandom*, Rendre explicite : raisonnement, représentation et engagement discursif,* 2 vol., Paris, Cerf, 2010-2011.

règle est une coutume, un usage et une institution, Brandom caractérise les inférences correctes comme étant acceptées par des locuteurs. Avant d'être des opérations formelles, ce sont des actions validées par une communauté. On peut alors, dans un second temps, emprunter la route sociale menant du raisonnement à la représentation, grâce au vocabulaire logique dont le rôle est d'expliciter les contenus conceptuels implicites dans les engagements inférentiels pratiques. Le rôle de la logique, qui exhibe des contenus, est donc expressif et non explicatif, et sa maîtrise ne s'identifie pas du tout à la capacité de raisonner. La rationalité consiste plutôt dans la maîtrise du jeu pratique de « donner et demander des raisons ».

ARGUMENTER

Cette théorie inférentialiste trouve en définitive un fondement assez faible dans l'échange social. Des recherches de psychologie empirique tendraient à appuyer l'importance fondamentale de la communauté et de l'articulation des raisons dans le raisonnement. Selon la récente théorie argumentative du raisonnement, la capacité à raisonner est un produit de l'évolution de la communication humaine, et sa fonction principale, c'est-à-dire la tâche que remplit le mieux l'individu ratiocinant, est d'argumenter. L'inférence des prémisses aux conclusions résulterait d'un mécanisme intuitif et inconscient, les raisonnements venant représenter les diverses raisons qu'il peut y avoir pour accepter cette relation entre prémisses et conclusion. Ces raisons sont des arguments, eux-mêmes intuitifs, au sujet des relations intuitives de prémisses à conclusion. Puisqu'ils évaluent des raisons, qui sont elles-mêmes des représentations, les raisonnements sont de l'ordre de la métareprésentation. Se produisant en contexte dialogique, la découverte et l'évaluation des raisons sont motivées par la confrontation avec autrui, selon Hugo Mercier et Dan Sperber :

> L'action mentale d'élaborer un argument convaincant, l'action publique de verbaliser cet argument de sorte qu'il emporte la conviction des autres, et l'action mentale d'évaluer et d'accepter la conclusion d'un argument produit par les autres, correspondent à ce que l'on entend habituellement et traditionnellement par raisonnement (terme qui peut renvoyer aussi bien à une activité mentale que verbale) [1].

Il en résulte qu'un raisonnement réussi facilite la communication. La théorie argumentative du raisonnement est appuyée par des expériences de psychologie cognitive : il est avéré qu'on raisonne mieux dans un contexte argumentatif, et en groupe plutôt que seul. Elle rend particulièrement bien compte du biais de confirmation : la conclusion adoptée à la suite d'un raisonnement est souvent celle qu'il est le plus facile de justifier, plutôt que la plus juste.

Un des atouts de la théorie argumentative est de répondre non seulement à la question « comment ? » mais aussi au pourquoi du raisonnement. Il s'agirait de favoriser la communication, l'accord et la bonne intelligence entre êtres rationnels. Cette thèse semble plus plausible que les conceptions évolutionnistes traditionnelles de la rationalité, pour lesquelles l'avantage adaptatif de la capacité de raisonner est individuel. Ces dernières sont impuissantes à intégrer le fait que raisonner vient rationaliser plutôt que corriger les erreurs

---

1. H. Mercier & D. Sperber, « Why Do Humans Reason ? Arguments for an Argumentative Theory », *Behavioral and Brain Sciences,* 34, n° 2, p. 59.

du système intuitif, quand ce n'est pas une source potentielle
de nouvelles erreurs.

S'AUTO-CORRIGER

Notre violation quotidienne des règles de la logique
impose à la fois d'accepter ce que la psychologie nous apprend
de la faiblesse de nos capacités et de maintenir l'idée de règles
de correction normatives. S'il est probable que la faculté de
raisonner soit une acquisition évolutionnaire, pourtant, les
théories adaptatives de la rationalité laissent une insatisfaction.
Elles rendent compte des apparentes défaillances de la raison,
mais sont impuissantes à expliquer un caractère essentiel du
raisonnement, sa valeur normative. Si nous sommes déter-
minés à accepter les justifications les plus intuitives, les moins
coûteuses ou les plus rémunératrices, pourquoi reconnaissons-
nous malgré tout que c'est la vérité qu'il faut privilégier, ou
qu'un raisonnement correct est meilleur qu'un sophisme ?
Selon toute probabilité l'évolution devrait nous avoir conduits
hors de ce chemin. Par exemple, en favorisant l'élimination
des inférences incorrectes à effet négatif (parfois fatal), elle
devrait avoir du même coup facilité les inférences incorrectes à
effet positif. Malgré cela, nous considérons comme essentiel
au raisonnement qu'il soit rapporté à un idéal de vérité.
La confiance que nous avons dans la force normative des
règles de rationalité indique que leur *contenu* n'est pas dérivé
de l'évolution. Il se peut que notre disposition à saisir les
conditions empiriquement liées à une pensée saine, disposition
à produire des croyances, inférences et actions rationnelles, ait
été acquise par l'espèce comme avantage adaptatif, mais la
nature idéale des normes de la rationalité prouve que leur
contenu ne se réduit ni à leur histoire ni à une typologie.

La conjonction paradoxale d'une force normative des règles de la rationalité et de leur faiblesse empirique pourrait être éclairée par l'hypothèse suivante : lorsque nous raisonnons, nous produisons un raisonnement et dans le même temps nous le comparons non pas à une loi mais à une *habitude* de raisonnement. Peut-être est-ce en cela que réside l'essence du raisonnement : rapporter des pratiques à une habitude jugée saine, un modèle, une règle qu'on s'est donnée. Car la norme n'est rien d'autre, comme le suggère Peirce lorsqu'il écrit : « Une habitude d'inférence telle que nous pouvons nous assurer que de prémisses vraies elle conduira dans tous les cas possibles à une conclusion vraie est un bon raisonnement » [1]. Cette capacité de rapporter nos pensées à des habitudes de raisonnement manifeste une conduite contrôlée.

Ce qui unifie les techniques et pratiques mentales et leur confère un caractère rationnel, c'est bien l'exercice d'un contrôle : les tendances fantaisistes de la psychologie du raisonneur, l'imagination créatrice, l'invention d'idées se trouvent maîtrisées, dirigées, soumises à des tests. C'est ce phénomène de contrôle réflexif qui est au fondement de la rationalité, « figure d'équilibre provisoire de l'imagination créatrice » [2], espace conquis sur l'irrationalité par une raison qui domine et contrôle à la fois la spontanéité des inférences déréglées et la stupidité des formalismes qu'elle construit. Dès lors, la menace de stérilité de la pensée ratiocinante, le risque de déjà-vu des chaînes de conséquence et l'impression d'ennui du raisonneur s'effacent, car plus rien n'oppose l'activité de raisonner à l'élan créateur et vital. L'irruption de nouveauté, la découverte de vérités inédites, la fabrique de figures

1. C. S. Peirce, *Writings, op. cit.*, vol. 6, p. 356.
2. G.-G. Granger, *La Raison*, Paris, P.U.F., 1955, p. 126.

imaginaires s'expriment sans restriction, avant d'être si besoin orientées en fonction d'un certain but, qui peut être la conformité à des habitudes jugées bonnes. On raisonne donc toujours dans une sorte d'après coup pour comparer à une norme qu'on a librement acceptée, pour faire le tri, et s'accorder à soi-même. Cela conforte l'idée de la psychologie selon laquelle nos inférence seraient globalement inconscientes et incontrôlées, au point que nous ne « tirons » peut-être pas à proprement parler d'inférences : plutôt, nous recevons passivement un flux de pensées, et sélectionnons celles auxquelles nous décidons d'accorder un crédit.

Dans cette dialectique de l'auto-contrôle et de la créativité, les inférences rationnelles sont celles qui développent en elles-mêmes leur mécanisme de régulation spontanée. Cet auto-contrôle (soumission à une règle, rétroactivité, correction du résultat) n'est autre que la mise en conformité avec nos habitudes de raisonnement, dont le résultat vient à son tour s'ajouter au nombre des inférences effectuées et corriger éventuellement l'habitude qui sert de norme. Déduction, induction et abduction incarnent par excellence cette intégration de l'auto-contrôle et de l'auto-correction dans le processus de la pensée [1].

1. Je remercie Roger Pouivet de m'avoir proposé d'écrire dans sa collection, Benoit Gaultier et mes parents pour la discussion et la relecture du manuscrit, ainsi que Stéphane Chauvier et Hervé Glevarec pour leurs suggestions. Ce livre a été écrit grâce à un contrat au Collège de France, dans la Chaire de métaphysique et de philosophie de la connaissance de Claudine Tiercelin, que je remercie également.

TEXTES ET COMMENTAIRES

TEXTE 1

Charles Sanders Peirce
Prolégomènes à une apologie du pragmaticisme [1]

Cher lecteur, construisons un diagramme pour illustrer le cours général de la pensée ; je veux dire un système de diagrammatisation au moyen duquel on puisse représenter n'importe quel cours de pensée avec exactitude.

« Mais pourquoi faire cela, quand la pensée elle-même est présente à nous ? » Telle a été en substance la question que m'ont objectée plusieurs intelligences supérieures, parmi lesquelles je distinguerai un éminent et glorieux Général.

Reclus comme je suis, je n'étais pas prêt à répondre par une autre question, qui aurait dû être la suivante : « Mon Général, vous utilisez des cartes pendant une campagne, il me semble. Mais à quoi bon, quand le territoire qu'elles représentent est juste là ? » Là-dessus, eût-il répliqué qu'il trouvait des détails sur les cartes si loin d'être « juste là » qu'ils étaient à l'intérieur du camp ennemi, j'aurais dû alors insister en demandant : « Ai-je donc raison de comprendre que si vous connaissiez la région parfaitement à fond, disons par exemple, si s'y déployaient les lieux de votre enfance, une carte la représentant ne vous serait

1. « Prolegomena to an Apology for Pragmaticism », *The Monist*, vol. 16, n° 4, 1906, p. 492-546, repris dans *Collected Papers, op. cit.*, vol. 4, § 530-531, p. 411-415.

pas de la moindre utilité pour élaborer le détail de vos
projets ? » Ce à quoi il n'aurait pu me répliquer autre chose que
ceci. « Non, je ne dis pas cela, car je pourrais probablement
avoir besoin des cartes pour y planter des épingles, de façon à
indiquer par avance les prévisions sur les changements de
position des deux armées. » Là encore ma contre-offensive
aurait alors dû être : « Eh bien, mon Général, cela correspond
précisément aux avantages d'un diagramme du déroulement
d'une discussion. En effet, comme vous l'avez si clairement
fait remarquer, c'est exactement en cela que réside l'avantage
des diagrammes en général, à savoir, si je puis me permettre
d'essayer de reformuler la chose après vous, qu'on peut faire
des expériences exactes sur des diagrammes uniformes ; et
quand on le fait, on doit rester très attentif aux changements
involontaires et inattendus que cela provoque dans les
relations des diverses parties significatives du diagramme
entre elles. Ces opérations sur les diagrammes, qu'elles soient
externes ou imaginaires, tiennent lieu des expériences sur les
choses réelles qu'on accomplit dans la recherche chimique et
physique. Je n'ai pas besoin de dire que les chimistes ont
jusqu'alors décrit l'expérimentation comme le fait de poser
des questions à la nature. Exactement de la même manière, les
expériences sur les diagrammes sont des questions posées à la
nature des relations en jeu. » Il se peut que le Général aurait
suggéré ici (si je puis imiter les illustres guerriers en rejouant
mentalement mes affrontements) qu'il y a une nette différence
entre des expériences comme celles des chimistes, qui sont des
tests réalisés sur la substance même dont le comportement est
en question, et les expériences faites sur les diagrammes,
lesquels n'ont aucun lien physique avec les choses qu'ils représentent. La réponse correcte, et la seule valable, fondée sur un
fait qu'un novice en logique aurait de bonnes chances de
manquer, serait la suivante : « Vous avez entièrement raison de

dire que le chimiste expérimente sur l'objet même de son investigation, quoique, une fois l'expérience accomplie, il puisse très bien se débarrasser de l'échantillon particulier sur lequel il a opéré, puisque celui-ci ne présente plus aucun intérêt. Car ce n'était pas sur cet échantillon particulier qu'enquêtait le chimiste, mais sur la structure moléculaire. Il disposait depuis longtemps de la preuve écrasante que tous les échantillons de la même structure moléculaire réagissent chimiquement exactement de la même manière ; si bien qu'un échantillon en vaut un autre. Mais l'objet de la recherche du chimiste, ce sur quoi il expérimente et ce sur quoi porte la question qu'il pose à la nature, c'est la structure moléculaire, qui a dans tous ses échantillons une identité aussi complète qu'il est dans la nature de la structure moléculaire de jamais posséder. Pour cette raison, il expérimente, comme vous le dites, sur l'objet même de la recherche. Mais arrêtez-vous un moment pour y réfléchir, et vous conviendrez, je pense, que vous avez été étourdi de supposer qu'il en va autrement avec les expériences faites sur les diagrammes. Car quel est ici l'objet de l'enquête ? C'est la *forme d'une relation*. Or cette forme de relation est la forme même de la relation entre les deux parties correspondantes du diagramme. Par exemple, soit f_1 et f_2 les distances à la lentille des deux foyers de cette lentille. Alors,

$$(1/f_1) + (1/f_2) = (1/f_0)$$

Cette équation est un diagramme de la forme de la relation entre les deux distances focales et la distance focale principale ; et les conventions de l'algèbre (et tous les diagrammes, ou même toutes les images, dépendent de conventions) conjuguées à l'écriture de l'équation, établissent une relation entre les *lettres* f_1, f_2, f_0 indépendamment de leur signification, relation dont la forme est *exactement la même* que la forme de la relation entre les trois distances focales que dénotent ces lettres. C'est une vérité absolument indéniable. Ainsi, ce diagramme algébrique présente à notre observation l'objet même de la recherche mathématique dans son identité, à savoir, la forme de la moyenne harmonique, que l'équation nous aide à étudier. (Mais ne me comprenez pas mal : je ne dis pas qu'une forme possède elle-même une identité au sens strict, c'est-à-dire ce que les logiciens, en traduisant ἀρίθμω, appellent "identité numérique") ».

Non seulement il est vrai que l'expérimentation sur un diagramme permet d'obtenir une preuve expérimentale de toute conclusion nécessaire tirée de tout copulat donné de prémisses, mais, qui plus est, aucune conclusion « nécessaire » n'est plus apodictique que ne le devient le raisonnement inductif dès lors qu'on peut multiplier l'expérimentation à l'envi sans autre coût qu'en la convoquant à l'imagination. Je pourrais en fournir une preuve en bonne et due forme, et n'en suis dissuadé ici et maintenant que par les limites de place, l'inéluctable longueur des explications requises, et, en particulier par la disposition actuelle des logiciens à se satisfaire de l'apologie persuasive et brillante qu'en a faite F. A. Lange, bien qu'elle soit imparfaite et même fausse en certains endroits [1]. Étant donné ces circonstances, je me contenterai d'une rapide esquisse de ma preuve. Premièrement, une

---

1. NdT : Dans son dernier ouvrage paru en 1877, *Logische Studien. Ein Beitrag zur Neubegründung der formalen Logik und der Erkenntnistheorie*, Friedrich Albert Lange veut prouver la possibilité de fonder non seulement les mathématiques (comme Kant) mais aussi la logique dans l'intuition de l'espace, les relations entre extension des concepts étant représentées par des aires du plan. Une de ses thèses porte sur les inférences apodictiques : tandis que Kant distingue entre les jugements nécessaires et analytiques de la logique et les jugements nécessaires et synthétiques des mathématiques, Lange plaide pour une unité essentielle des inférences valides.

analyse de l'essence d'un signe (en élargissant ce mot à son extension limite, comme *tout ce qui, étant déterminé par un objet, détermine une interprétation à être déterminée, à travers lui, par le même objet*) conduit à la preuve que tout signe est déterminé par son objet soit, premièrement, en partageant les caractères de l'objet, auquel cas j'appelle le signe *icône* ; ou, deuxièmement, en étant réellement relié dans son existence individuelle à l'objet individuel, auquel cas j'appelle le signe *indice* ; ou, troisièmement, par la certitude plus ou moins approximative qu'il sera interprété comme dénotant l'objet, en conséquence d'une habitude (terme qui dans l'usage que j'en fais inclut les dispositions naturelles), auquel cas j'appelle le signe *symbole*. J'examine ensuite l'efficacité et les insuffisances respectives de ces trois sortes de signes pour aider à établir la vérité. Un symbole incorpore une habitude et est indispensable pour accomplir les habitudes *intellectuelles au moins*. De plus, les symboles nous fournissent des moyens de penser aux pensées sans lesquels il nous serait autrement impossible de penser à elles. Ils nous permettent, par exemple, de créer des abstractions, sans lesquelles il nous manquerait un formidable moteur de découverte. Ils nous permettent de compter ; ils nous apprennent que les collections sont des individus (individu = objet individuel), et à bien des égards ils constituent le tissu même de la raison. Mais puisque les symboles reposent exclusivement sur des habitudes déjà formées et définies mais qui ne fournissent pas d'observation, ne fût-ce que d'eux-mêmes, et puisque la connaissance est habitude, ils ne permettent d'ajouter à notre connaissance pas même la moindre conséquence nécessaire, si ce n'est par le biais d'une habitude préformée et définie. Les indices, en revanche, fournissent une assurance positive de la réalité et de la proximité de leurs objets. Mais cette assurance ne s'accompagne d'aucune compréhension de la nature de ces objets. Le même perceptible peut toutefois fonctionner doublement comme un signe. L'empreinte de pas que Robinson Crusoé trouva sur le sable, et qui s'est imprimée dans le granit de la gloire, était l'indice pour lui que quelque créature se trouvait sur son île, et en même temps, comme symbole, appelait l'idée d'un homme. Toute icône partage quelque caractère plus ou moins évident avec son objet. Chacune partage le caractère le plus évident de tous les mensonges et de toutes les tromperies – leur évidence. Et pourtant elles ont plus à voir avec le caractère vivant de la vérité que les symboles ou les indices. L'icône n'est pas mise de manière univoque à la place de telle ou telle chose existante comme l'est l'indice. Son objet peut être, quant à son existence, une pure fiction. Encore moins son objet est-il nécessairement une chose d'une sorte qu'on rencontre habituellement. Mais il y a quelque chose que l'icône garantit à son plus haut degré, à savoir, que ce qui est déployé devant le regard de l'esprit – la forme de l'icône, qui est aussi son objet – doit être *logiquement possible*. Cette division des signes n'est que l'une des dix divisions différentes qu'il m'a paru nécessaire d'étudier plus particulièrement. Je ne dis pas qu'elles sont toutes définies de façon entièrement satisfaisante dans mon esprit. Elles semblent toutes être des trichotomies, qui forment un attribut de la nature essentiellement triadique d'un signe. Ce que je veux dire par là est que trois choses sont impliquées dans le fonctionnement d'un signe ; le signe lui-même, son objet et son interprétant. Je ne peux discuter toutes ces divisions dans cet article ; et l'on peut bien comprendre que la nature complète du raisonnement ne peut être intégralement exposée à partir de l'examen d'un seul point de vue sur dix. Ce que nous pouvons apprendre de cette division est de quelle sorte doit être un signe pour représenter la sorte d'objet dont s'occupe le raisonnement. Or un raisonnement doit rendre sa conclusion manifeste. En conséquence, il doit s'occuper au premier chef de formes, qui sont les objets primordiaux de l'intuition [*insight*] rationnelle. Pour cette raison, les icônes sont tout spécialement requises dans le raisonnement. Un diagramme est principalement une icône, et une icône de relations intelligibles. Il est vrai que ce qui doit être ne peut être appris par la simple inspection de quoi que ce soit. Mais quand nous disons que le raisonnement déductif est nécessaire, nous ne voulons bien entendu pas dire qu'il est infaillible. Mais, précisément, ce que nous voulons dire est que la conclusion s'ensuit de la forme des relations établies dans la prémisse. Or puisqu'un diagramme, quoiqu'il ait ordinairement des traits symboloïdes ainsi que des traits approchant la nature des indices, est néanmoins dans l'ensemble une icône des formes des relations dans la constitution de son objet, on voit aisément qu'il est propre à représenter l'inférence nécessaire.

COMMENTAIRE

Le texte de Charles Sanders Peirce est extrait du troisième article d'une série publiée dans *The Monist* en 1905 et 1906. Peirce synthétise dans cette série l'ensemble de sa pensée, qu'il a rebaptisée pragmaticisme pour la distinguer des interprétations vulgaires du pragmatisme. Étonnamment, c'est grâce à un détour par la théorie des graphes, présenté sous la forme d'un dialogue avec un militaire aguerri, qu'il espère prouver la validité de sa position [1]. C'est que les graphes sont l'outil indispensable du raisonnement. Mieux : ils offrent une image de la pensée en action. Car ils donnent à voir *in concreto* les relations intelligibles entre les concepts. La pensée est pure contemplation mentale, comme le veut une tradition qu'on pourrait presque faire remonter à Platon. Mais cette contemplation porte sur des formes logiques, c'est-à-dire sur des relations (les « relatifs », par exemple « donner quelque chose à quelqu'un »). La représentation des raisonnements au moyen de dessins n'est pas nouvelle : les cercles d'Euler, les diagrammes de Venn l'attestent. Mais Peirce soutient une

---

1. Il ne s'agit ici que de « prolégomènes ». Peirce estimera avoir fourni une preuve logique complète de la vérité du pragmaticisme en 1907.

thèse plus forte [1] : raisonner c'est littéralement observer ; et corrélativement, les diagrammes ne relèvent pas plus du formalisme logique que de la description psychologique mais donnent bel et bien à voir les opérations du raisonnement. Le texte insiste sur la possibilité d'expérimenter sur les diagrammes comme on expérimente en pensée, et même comme on expérimente avec les choses existantes. Sans se laisser décourager par l'apparente solution de continuité entre sciences expérimentales et formes de déduction pures, Peirce découvre en effet dans l'iconicité la parenté entre les multiples formes de raisonnement.

SIGNIFIER

L'approche peircienne exige de comprendre que l'espace du raisonnement n'est ni celui des constantes logiques ni celui de la pensée psychologique, mais recouvre exactement le mental. De quoi s'agit-il ? Le mental ne se laisse pas seulement *représenter* par des signes : il est dans les signes. Un signe est quelque chose qui tient pour quelque chose d'autre, « quelque chose qui en le connaissant nous donne à connaître quelque chose de plus » [2]. La relation interprétative des signes, qui nourrit le mental, engendre la signification : signifier, c'est littéralement penser par signes. La signification peut subsister en l'absence d'interprète humain : les hiéroglyphes par exemple n'avaient pas perdu leur signification avant que Champollion ne les décrypte. Ce qui compte est la structure signifiante, objet de la sémiotique. Peirce en tire dans la suite

---

1. Pour lui, le système de Venn « ne fournit aucun moyen d'exhiber le raisonnement », dont l'essence est relationnelle (*Collected Papers*, *op. cit.*, vol. 4, § 356, p. 306).

2. C. S. Peirce, *Collected Papers*, *op. cit.*, vol. 8, § 332, p. 227.

du texte une thèse externaliste sur le mental : « la pensée n'est
pas nécessairement connectée avec un cerveau »[1]. Quant à
l'esprit, il est certes le lieu où se saisit la pensée par des moyens
psychologiques, mais il agit aussi comme l'interprétant des
signes de la vérité. En lui se rejoignent la psyché humaine et le
« quasi-esprit » sémiotique. Dans cet entre-deux qui n'est ni
simplement psychologique ni strictement logique se jouent les
raisonnements.

  La longue digression de Peirce sur la tripartition des signes
en icônes, indices et symboles révèle qu'on ne saurait faire
l'économie de l'outil sémiotique pour étudier le raisonnement.
Remarquons d'emblée que la trichotomie des icônes, indices et
symboles n'est que l'une des nombreuses distinctions de la
sémiotique qui concerne spécifiquement la relation du signe à
son objet. Elle n'est pas nécessairement la plus importante, et
n'est convoquée dans ce texte que pour éclairer une des carac-
téristiques des raisonnements relativement au réel, leur nature
essentiellement iconique. La sémiotique s'identifie peu ou
prou à la logique, de sorte qu'il s'agira nécessairement d'une
approche formelle. Mais elle se veut soucieuse de la façon dont
nous venons à connaître réellement les contenus de pensée et à
en tirer des inférences. Une des grandes intuitions de Peirce est
que, contrairement à ce qu'on a cru jusqu'alors, ce sont pas les
symboles qui jouent le premier rôle dans le raisonnement, ou
plutôt, ce n'est pas l'aspect « symboloïde » des symboles qui
entre en jeu, mais leur caractère iconique. Un signe est iconique par la similitude qu'il a avec son objet. Lorsqu'on
raisonne, on opère donc sur et avec des signes qui sont à la
ressemblance de leur objet. Il ne s'agit pas nécessairement
d'images, mais le plus souvent, de « diagrammes »,
c'est-à-dire de ressemblances structurales : pour raisonner

<hr>

1. C. S. Peirce, *Collected Papers, op. cit.,* vol. 4, § 551, p. 438.

correctement, l'important est que nos représentations mentales entretiennent une homologie de rapports avec les structures du réel.

Diagrammatiser

Un diagramme peut prendre une grande variété de formes, d'une construction en bois à un geste ou une œuvre musicale. Comme l'explique le texte, une équation est un diagramme, puisqu'elle représente une relation. Parmi les diagrammes, les graphes, qui sont exclusivement visuels et le plus souvent en deux dimensions, sont particulièrement appropriés pour formaliser les types de raisonnement. Mais la représentation graphique n'est pas qu'une aide à la pensée, un support permettant de mieux suivre les inférences. C'est un moment essentiel de l'acte de raisonner, notamment de la déduction. On ne peut déduire sans premièrement construire une image des « conditions du problème », c'est-à-dire des prémisses. Cette image est une icône des relations intelligibles, c'est-à-dire de la *forme* des relations indépendamment de leur matière : elle fait apparaître « les similitudes et diversités qu'implique cet état de choses, sans qualifier de façon définie les sujets des similitudes et diversités »[1]. La fonction de la raison est en effet de « tracer dans le monde réel des analogues des relations logiques »[2], fonction que réalisent les graphes en portant la pensée à notre contemplation « en montrant sa construction de la manière la plus nue et la plus pure »[3].

1. C. S. Peirce, *Œuvres philosophiques*, *op. cit.*, vol. 2, p. 224.
2. C. S. Peirce, *The New Elements of Mathematics*, 4 vol., La Haye, Mouton, 1976, vol. 3, p. 885-886.
3. C. S. Peirce, *Collected Papers*, *op. cit.*, vol. 4, § 7, p. 10.

C'est pourquoi Peirce y a consacré une partie importante de sa recherche. Après avoir élaboré une représentation graphique du calcul des relatifs, il en vient à produire des «graphes existentiels», système qu'il considère comme la plus heureuse découverte qui a été faite en logique depuis Boole et « le seul raisonnement réellement fertile »[1]. Leur rôle n'est pas primordialement mathématique : outil d'analyse plutôt que de calcul, le système graphique se veut, écrit Peirce dans un fragment destiné à suivre notre texte, la méthode la plus simple pour représenter des propositions le plus iconiquement et le plus analytiquement possible[2]. Ce type de représentation requiert principalement une symbolisation de la conséquence. Les représentations graphiques des syllogismes demandent seulement de trouver une relation spatiale analogue aux relations exprimées par la copule d'inclusion, par sa négative et par la négation. Peirce a en fait développé plusieurs systèmes de graphes existentiels : « alpha » pour le calcul des prédicats, «bêta» pour le calcul des propositions, et une ébauche de graphes « gamma » pour la logique modale et de seconde intention.

Quel est l'intérêt des diagrammes ? Pourquoi s'enquérir de la structure abstraite du raisonnement plutôt que de travailler directement sur les pensées ? Ne faut-il pas se méfier d'un usage souvent trompeur des figures ? On se conformerait à la conception de Hilbert, qui écrivait en 1894 :

> Un théorème n'est prouvé que quand la preuve est complètement indépendante du diagramme. La preuve doit procéder pas à pas à partir des axiomes qui précèdent. Faire

---

1. C. S. Peirce, *Collected Papers, op. cit.,* vol. 4, § 570, p. 458.
2. *Ibid.,* vol. 4, § 561 n. 1, p. 447.

des figures est l'expérimentation du physicien, et la géométrie expérimentale est déjà finie avec les axiomes [1].

Selon Peirce, l'intérêt de la représentation graphique est que tout y est exprimé « avec une précision qu'aucune langue humaine ne saurait approcher » [2]. Elle offre sous le regard une analyse détaillée de toutes les relations logiques. L'intérêt des icônes est de rendre manifeste la conclusion nécessaire des inférences. En particulier, un graphe donne à voir dans la synchronie des relations qui ne peuvent être pensées que dans la succession temporelle, « et doit en effet être regardé seulement comme une projection sur cette surface d'un signe étendu en trois dimensions » [3]. Mais les graphes sont des systèmes dynamiques : on peut opérer sur eux comme on opère par la pensée, en ajoutant ou soustrayant des éléments et tirant les conséquences correspondantes. Les diagrammes nous présentent donc des « images mouvantes de la pensée » dans son essence [4], c'est-à-dire débarrassée des accidents des esprits individuels qui réalisent la pensée.

1. D. Hilbert, *David Hilbert's Lectures on the Foundations of Geometry : 1891-1902,* M. Hallett & U. Majer (eds.), Berlin, Springer, 2004, p. 75.

2. C. S. Peirce, Ms 280. Les manuscrits viennent tous de *The Charles S. Peirce Papers, Microfilm Edition, Thirty Reels with Two Supplementary Reels Later Added,* Cambridge, Harvard University Library Photographic Service, 1966. Leur numérotation correspond à R. Robin, *Annotated Catalogue of the Papers of Charles S. Peirce,* Amherst, University of Massachusetts Press, 1967.

3. C. S. Peirce, Ms 654.

4. C. S. Peirce, *Collected Papers, op. cit.*, vol. 4, § 8, p. 11.

Observer et expérimenter

Résumons les étapes d'une déduction : nous commençons par noter toutes les prémisses, qui sont ensuite mises dans un « champ d'assertion », c'est-à-dire « colligées », dans la terminologie de William Whewell : elles sont fondues en une unique proposition, reliées par une représentation commune. « Après cela, nous nous mettons à observer attentivement le graphe »[1]. On s'étonnera peut-être que des représentations concrètes expriment la normativité du raisonnement logique, et que l'on puisse apprendre « ce qui doit être » à partir d'une simple « inspection ». Mais le diagramme manifeste ce qui d'après la forme logique représentée est le conséquent des prémisses, de sorte que non seulement il favorise l'analyse logique de la pensée, mais « rend littéralement visible tout juste sous les yeux l'opération de la pensée in actu »[2]. Le graphe montre le lien entre la pensée en soi et le fait de la penser, c'est-à-dire donne à voir la manière dont l'intellect humain s'approprie les formes du raisonnement. C'est un « portrait de la pensée »[3] :

> L'acte d'inférence consiste, psychologiquement, à construire dans l'imagination une sorte de diagramme ou image-squelette des éléments essentiels de l'état de choses représenté dans les prémisses, dans laquelle, par manipulation et contemplation mentales, des relations qui n'avaient pas été aperçues en la construisant sont découvertes. A cet égard l'inférence est analogue à une expérimentation, dans laquelle, à la place du diagramme, on utilise un état de choses simplifié, et où la manipulation est réelle et non mentale.

1. C. S. Peirce, *Le Raisonnement et la logique des choses : les conférences de Cambridge (1898)*, Paris, Cerf, 1995, p. 226.
2. C. S. Peirce, *Collected Papers, op. cit.*, vol. 4, § 6, p. 10.
3. *Ibid.*, § 11, p. 12.

Cette analogie entre déduction et expérimentation est absolument essentielle. D'une part, l'observation d'un diagramme requiert des qualités d'attention qui sont celles de l'expérimentateur. C'est l'*anchinoia* dont parle Aristote, « ce coup d'œil pénétrant à un problème qui dirige le mathématicien vers l'adoption du point de vue d'où il peut être apprécié au mieux »[1]. La vivacité d'esprit impliquée dans le raisonnement est un véritable regard mental, analogue au regard du chimiste, du physicien ou du biologiste. « C'est tout autant une opération d'observation que l'est l'observation des abeilles »[2].

En outre, une « manipulation » des diagrammes est possible, et même, « l'activité [logique] prend la forme d'une expérimentation dans le monde intérieur »[3]. Construction, effacements, déplacements, comparaisons, essais sont autant de « coups » permis en mathématiques aussi bien qu'en physique. L'analogie est contre-intuitive, et Peirce affronte d'emblée l'objection de l'existence contingente des objets des sciences expérimentales. L'éthologue n'observe pas les abeilles mais telle ruche dans tel écosystème ; le chimiste expérimente sur un échantillon et non sur la molécule. Pourtant, répliquera-t-on, c'est bien la structure moléculaire qu'il vise : qu'importe la « substance », terme auquel on est tenté d'opposer la forme pour rejouer un couple cher à Aristote. Car en arrière-plan, c'est le réalisme scolastique qui est en jeu : Peirce pose ici les jalons pour une démonstration de l'ontologie du pragmaticisme via la nature de l'expérimentation mathématique et scientifique. Si la déduction repose sur l'observation, l'induction quant à elle n'exige pas

1. *Ibid.*, § 615, p. 511.
2. C. S. Peirce, *Le Raisonnement et la logique des choses*, *op. cit.*, p. 226.
3. C. S. Peirce, *Collected Papers*, *op. cit.*, vol. 5, § 491, p. 341.

nécessairement d'observations répétées, comme l'explique la tirade au Général : le chimiste se satisfait en théorie d'une seule expérience, car il croit en une uniformité de la nature telle qu'une preuve supplémentaire serait une simple répétition. Or, estime Peirce, « c'est précisément une telle connaissance qu'il y a une uniformité qui conduit le mathématicien à se satisfaire d'une expérience »[1]. Sans doute ne faut-il pas entendre par uniformité un principe général inductif du cours uniforme de la nature à la façon de John Stuart Mill, maintes fois décrié par Peirce, mais plutôt l'intuition que des formes générales sont à l'œuvre de façon immanente, depuis la régularité cristalline jusqu'aux intelligences animales.

Ainsi, plutôt que de tirer les mathématiques du côté de l'empirie, Peirce suggère le mouvement inverse : dans la réalité existante, c'est la généralité qui concerne la science. En conséquence, « l'induction et la déduction ne sont pas, après tout, si différents »[2]. Peirce répète à l'envi que la conclusion d'une déduction « est le résultat d'un processus physique d'expérimentation qui ressemble considérablement à l'induction »[3] et que « les mathématiques ne diffèrent qu'à peine d'une science inductive ordinaire »[4]. Un argument vient renforcer la parenté de l'induction et de la déduction : les trois opérations permises sur les diagrammes sont les mêmes que celles de l'induction, nommément, colligation, itération et effacement (c'est-à-dire, le fait de « mettre hors de vue une partie de l'assertion afin de voir ce qu'est le reste de celle-ci »)[5]. Cette assimilation irait sans doute trop loin dans le sens

1. C. S. Peirce, *Collected Papers, op. cit.*, vol. 5, § 491, p. 341.
2. C. S. Peirce, *Le Raisonnement et la logique des choses, op. cit.*, p. 226-227.
3. C. S. Peirce, *The New Elements of Mathematics, op. cit.*, vol. 4, p. 42.
4. *Ibid.*, p. 158.
5. C. S. Peirce, *Le Raisonnement et la logique des choses, op. cit.*, p. 226.

de l'empirisme sans l'ontologie des structures réelles de la nature allant de pair. En outre, soulignons que Peirce parle surtout ici d'une induction idéale, dont le coût en temps et en argent serait quasi nul (« sans autre coût qu'en la convoquant à l'imagination »).

La pensée diagrammatique ne risque donc pas de réduire tout raisonnement à des formes d'induction. Les mathématiques demeurent le modèle du raisonnement déductif en général : tout raisonnement nécessaire, bon ou mauvais, « fût-il un pur verbiage de théologiens, du moment qu'il comporte une once de similarité avec la nécessité » [1], est un raisonnement de type mathématique. En conséquence, le raisonnement mathématique devient un paradigme général de tout raisonnement, puisqu' « il n'y pas d'élément du raisonnement mathématique qui ne se trouve pas dans tout raisonnement quel qu'il soit, à l'exception seulement de l'analyse logique et de la formation des conjectures » [2].

DIALOGUER

La forme dialogique du texte n'est pas anodine. Si Peirce choisit une petite mise en scène de ses idées où il réplique à un Général, c'est pour mettre ces thèses en adéquation avec leur mode d'exposition. Tout raisonnement est pour lui un dialogue. Qui plus est, Peirce veut nous faire croire que sa réponse au Général vient après coup, de façon qu'il soit obligé d'inventer lui-même les interventions de celui-ci. Nul besoin d'un véritable entretien en effet, car la pensée est un dialogue

---

1. C. S. Peirce, *The Essential Peirce, Selected Philosophical Writings*, 2 vol., Bloomington & Indianapolis, Indiana University Press, 1992-1998 ; vol. 2, p. 207.

2. C. S. Peirce, Ms 617.

intérieur, de soi avec soi-même. Cette conception est rede-
vable de toute une tradition médiévale, de la théologie du verbe
intérieur augustinien à l'*oratio mentalis* d'Ockham, qui s'origine dans le *logos* platonicien. Comme le résume Monique
Dixsaut :

> La pensée se représente donc à elle-même comme un
> mouvement de va-et-vient entre questions et réponses. C'est
> la dimension interrogative qui lui est essentielle, non
> l'échange. Ce va-et-vient constitue son sujet, une âme
> dédoublée. Quand elle pense, l'âme se dédouble, tout en
> restant même qu'elle-même. Pour dialoguer, il faut être deux
> en un [1].

C'est un fait de la psychologie que notre pensée prend
toujours la forme d'un dialogue. La méditation s'exprime sous
la forme d'un « Je dit à moi-même, dit Je », formule qui trahit
un jugement mûr [2]. Il est toutefois imparfait : comme la majorité des hommes communiquent avec eux-mêmes de façon
linguistique, en utilisant essentiellement des signes qui ont la
structure générale des mots, nommément les symboles, cette
conversation a les défauts du langage [3].

Mais ce dialogisme essentiel n'est pas qu'un fait de la
psychologie humaine, souligne Peirce peu après notre extrait [4].
C'est aussi une nécessité de la logique « érotétique » de la
pensée. En effet, il est impossible de se représenter ce qu'est un
signe autrement qu'en communiquant une idée, qui émane
d'un esprit pour être transmise à un esprit : c'est donc le

---

1. M. Dixsaut, « Qu'appelle-t-on penser ? ou : Du dialogue intérieur de
l'âme selon Platon », *Les Cahiers philosophiques de Strasbourg*, 3, 1995,
p. 215.

2. C. S. Peirce, *Œuvres philosophiques*, *op. cit.*, vol. 2, p. 147.

3. *Ibid.*, p. 114.

4. C. S. Peirce, *Collected Papers*, *op. cit.*, vol. 4, § 551, p. 439.

caractère informatif du signe qui implique une dualité [1]. Autrement dit, toute pensée est un nouage entre deux « théâtres de conscience », dont l'un énonce le signe et l'autre l'interprète [2]. Raisonner, c'est s'interpréter soi-même. C'est aussi se faire confiance, se croire et se donner à soi-même un assentiment :

> même dans la méditation solitaire, tout jugement est un effort pour imposer quelque vérité au moi du futur immédiat et du futur en général. C'est une authentique assertion, exactement comme l'expression courante en offre une représentation ; et la dialectique solitaire est toujours de la nature d'un dialogue [3].

À un instant donné, le moi fait appel à un moi « plus profond » et lui demande son assentiment. C'est une manière de se référer à une règle, à quelque chose qui transcende l'être du sujet dans son actualité. La pensée en signes est donc nécessairement un dialogue entre différentes phases de l'ego [4].

JOUER

L'aspect ludique du texte n'aura pas échappé au lecteur, qui se trouve d'emblée pris à parti. Le dialogue entre le narrateur et le Général est en effet inséré dans un dialogue plus direct, celui de Peirce avec son lecteur. Peirce nous parle et se joue d'un Général dont le titre n'est probablement pas dû au hasard : ce militaire qui ne comprend pas l'utilité de passer par la représentation figurée, c'est aussi la généralité, l'idée en soi.

---

1. C. S. Peirce, Ms 280.
2. C. S. Peirce, *The Essential Peirce*, *op. cit.*, vol. 2, p. 403-404.
3. C. S. Peirce, *Œuvres philosophiques*, *op. cit.*, vol. 2, p. 148.
4. C. S. Peirce, *Collected Papers*, *op. cit.*, vol. 4, § 6, p. 10.

Ce qu'il doit accepter, c'est qu'il n'existe pas de généralité abstraite flottant dans les airs : « de même qu'il ne peut y avoir de Général sans Instances l'incarnant, de même il ne peut y avoir de pensée sans Signes », expliquera la suite du texte [1]. Le diagramme n'est pas une adjonction superflue à la pensée, elle est la chair de la pensée, comme les particuliers font la chair du Général.

Le dialogisme mental a aussi un sens moins circonstanciel. Il peut être rapproché de l'essentielle dyadicité des normes logiques : une proposition est vraie ou fausse, de même qu'une inférence est bonne ou mauvaise, un raisonnement valide ou invalide. Ces oppositions peuvent être conçues (plus ou moins métaphoriquement) comme les interventions alternées des deux intervenants du dialogue, l'un affirmant et l'autre niant, ou plutôt l'un assertant certaines propositions et l'autre les mettant à l'épreuve en tentant de démontrer leur fausseté. Peirce a lui-même proposé d'interpréter sa logique des diagrammes comme un affrontement entre un défendant et un opposant [2], qui interagissent un peu à la manière de deux joueurs d'échec.

Dans le cadre d'une représentation iconique des raison-nements, les procédures de diagrammatisation et d'inférence peuvent être distribuées entre un interprète (ou « grapheus »), chargé de marquer les signes logiques sur la feuille d'assertion, et un énonceur (ou graphiste). Le mouvement évoqué dans la description du diagramme comme image mouvante de la pensée correspond dès lors aux mouvements réels des deux joueurs. La feuille représente « le champ universel de la pensée interconnectée », qui est lui-même un signe, dans chaque pensée, « de ce grand pouvoir extérieur, cet univers, la

1. C. S. Peirce, *Collected Papers*, *op. cit.*, vol. 4, § 551, p. 438.
2. C. S. Peirce, *Œuvres philosophiques*, *op. cit.*, vol. 2, p. 226.

vérité »[1]. Avant toute inscription, la feuille vierge symbolise les vérités sur lesquelles les deux parties s'entendent et qu'elles prennent pour acquises, « en particulier la connaissance innée et instinctive »[2]. De même que tout raisonnement commence par la mise en diagrammes des conditions initiales, de même l'interprète « trace » un ou des graphes sur la feuille en suivant un « code de permissions » général que lui édicte le graphiste, et peut y faire des transformations selon un code général de transformations. Qu'expriment ces codes ? Le vrai est ce que le graphiste permet, le faux est ce qu'il interdit. Il faut entendre ces permissions comme les règles d'un jeu, insiste Peirce. Les échanges entre interprète qui propose des « coups » et graphiste qui les avalise ou non font évoluer le diagramme dans le sens d'une détermination progressive : de vague, l'état de connaissance se précise grâce au raisonnement.

Que représente alors la feuille ? Ses blancs tiennent pour toutes les vérités de la nature, et ce qui est tracé sur elle est « le miroir de l'esprit de l'interprète », ainsi que, par la même occasion, « le signe de ce que le graphiste autorise ». Bien plus, en tant qu'« auteur de la vérité » et « source de toute la connaissance de l'interprète », le graphiste représente la « nature plastique » ou « l'artisan de la nature ». Les permissions désignent dès lors les expériences grâce auxquelles l'interprète de la nature construit sa connaissance, et les expérimentations sur le diagramme sont les questions posées à la nature concernant les relations formelles.

Peirce en tire la conséquence suivante : « Dans notre diagramme, la même chose qui représente la vérité doit être

---

1. C. S. Peirce, *Collected Papers*, *op. cit.*, vol. 4, § 553 n. 2, p. 441.
2. C. S. Peirce, Ms 280.

regardée comme d'une autre manière représentant l'esprit » [1]. On pourrait s'étonner que la feuille d'assertion soit à la fois définie comme image de la vérité (ou de l'univers, c'est-à-dire de toutes les propositions vraies possibles) et de l'esprit humain, qui ne renferme certainement pas la vérité. Mais cette définition est possible parce que chaque signe est virtuellement interprétable par d'autres signes non encore tracés sur la feuille, qui s'assimile dès lors à un « quasi-esprit ». Ce quasi-esprit qui exhibe le fonctionnement réel du mental mais ne s'identifie pas à la pensée du point de vue psychologique, c'est précisément ce qu'on doit entendre par raisonnement :

> La feuille des graphes prise dans tous ses états collectivement, avec les lois de ses transformations, correspond à et représente l'Esprit dans sa relation à ses pensées, considérées comme des signes. (…) Ainsi le système des graphes existentiels est un diagramme généralisé et rudimentaire de l'Esprit, et il donne une meilleure idée de la nature de l'esprit, du point de vue de la logique, que ne pourrait en donner une description abstraite [2].

La méthode des graphes existentiels permet ainsi de représenter « un diagramme de l'esprit dans le raisonnement », « une image mouvante de l'action de l'esprit dans la pensée » [3]. La logique diagrammatique de Peirce enveloppe une troublante prémonition de la sémantique des jeux qu'un Hintikka a développée près d'un siècle plus tard. Le caractère ludique et réglé des procédures, la collaboration de deux partenaires, l'inversion de leurs rôles quand une négation est rencontrée rappellent la plupart des traits des jeux sémantiques. La notion de stratégie est anticipée par celle d'habitude comme plan

---

1. C. S. Peirce, *Collected Papers*, *op. cit.*, vol. 4, § 550, p. 438.

2. C. S. Peirce, *Œuvres philosophiques*, *op. cit.*, vol. 3, p. 375-376.

3. C. S. Peirce, Ms 298.

général d'action chez Peirce, pour qui « la conclusion logique vivante et réelle *est* cette habitude »[1], habitude d'agir d'une certaine manière dans certaines circonstances acquise par l'interprète.

---

1. C. S. Peirce, *Collected Papers*, *op. cit.*, vol. 5, § 491, p. 341.

TEXTE 2

JOHN BROOME
L'unité du raisonnement [1] *?*

Le lien entre intention et croyance complexifie l'approche du problème du raisonnement pratique. Le raisonnement pratique est un raisonnement dont l'attitude de conclusion est une intention. Mais si l'on forme une intention par un raisonnement explicite, dans lequel on exprime pour soi-même la conclusion en français, on exprimera aussi une croyance. Ce raisonnement doit donc conduire à une croyance aussi bien qu'à une intention. Il en résulte que les raisonnements théorique et pratique sont enchevêtrés.

Il y a un type de raisonnement pratique dans lequel cet enchevêtrement est très étroit. C'est une variété du raisonnement instrumental, plus spécifiquement, le raisonnement qui fait passer de l'intention d'accomplir une fin à l'intention de faire ce qu'on croit être une condition nécessaire de cette fin. Je vais maintenant présenter une explication de la façon dont fonctionne ce type de raisonnement. L'enchevêtrement va devenir évident au fur et à mesure de l'explication.

---

1. « The Unity of Reasoning ? », *in* S. Robertson (ed.), *Spheres of Reason : New Essays in the Philosophy of Normativity,* Oxford, Oxford University Press, 2009, p. 62-92.

Prenons l'exemple suivant. Vous avez l'intention de visiter Venise. Vous croyez que vous ne le ferez pas à moins d'acheter un billet pour Venise. Vous croyez aussi que vous n'achèterez pas de billet pour Venise à moins d'en avoir l'intention. (Ainsi, par exemple, vous n'avez pas autorisé votre agent à acheter vos billets.) Cependant, supposons à présent que vous n'avez pas l'intention d'acheter un billet. En conséquence, vous ne satisfaites pas l'*exigence instrumentale*. On peut attendre de vous que vous puissiez acquérir cette intention grâce au raisonnement pratique, et par là que vous en veniez à satisfaire cette exigence. Comment cela pourrait-il fonctionner ?

Intuitivement, de cette manière. Vous pourriez vous dire les phrases :

> Je visiterai Venise.
> Je ne visiterai pas Venise si je n'achète pas de billet pour Venise.
> Donc j'achèterai un billet pour Venise.

Par la première phrase, vous exprimez votre intention initiale de visiter Venise. Par la deuxième, vous exprimez votre croyance initiale qu'acheter un billet est une condition nécessaire pour ce faire. Par la troisième, vous exprimez l'intention d'acheter un billet. Vous n'aviez pas cette intention initialement, mais vous l'acquérez au moyen de votre raisonnement. De cette manière, vous en venez à satisfaire l'*exigence instrumentale*. C'est un exemple intuitivement satisfaisant de raisonnement pratique. Mais nous avons besoin d'une explication convenable de la façon dont cela fonctionne. Voici la mienne.

Quand vous vous dites « je visiterai Venise », quoi que vous fassiez d'autre par ailleurs, vous assertez pour vous-même que vous visiterez Venise. En effet, dans votre raisonnement pris comme un tout, vous assertez pour vous-même trois propositions à la suite. Vous assertez que :

Vous visiterez Venise.

Vous ne visiterez pas Venise si vous n'achetez pas de billet pour Venise.

Vous achèterez un billet pour Venise.

Quand vous affirmez la première de ces propositions, vous exprimez la croyance que vous visiterez Venise. Vous exprimez ensuite la croyance que vous ne visiterez pas Venise à moins d'acheter un billet pour cette destination. Des deux propositions que vous croyez, il s'*ensuit* que vous achèterez un billet. Naturellement, il importe pour vous d'acheter ou non un billet. Donc, si vous ne croyez pas que vous achèterez un billet, vous violez non seulement l'*exigence instrumentale* pratique, mais aussi l'exigence théorique de *modus tollens*.

En effet, la séquence de vos croyances constituerait un exemplaire de raisonnement théorique du type que j'ai décrit dans la section [sur le modèle de premier ordre, précédemment dans l'article]. Un raisonnement théorique en ligne droite [1] vous conduirait à croire que vous achèterez un billet, et par là vous mettrait en conformité avec le *modus tollens*. Cependant, vous êtes limité par une contrainte spéciale qui vous empêche de faire un raisonnement théorique en ligne droite. Vous croyez que vous n'achèterez pas de billet à moins d'en avoir l'intention. Par conséquent, si vous êtes rationnel, vous ne pouvez pas en venir à croire que vous achèterez un billet, comme l'exige le *modus tollens*, à moins d'en venir aussi à croire que vous avez l'intention d'acheter un billet.

---

1. NdT : L'auteur a précédemment opposé les raisonnements « en ligne droite » [*straightforward*], qui vont des prémisses à l'affirmation de la conclusion, aux raisonnements inverses [*reverse*], lesquels, refusant d'inférer l'attitude-conclusion prévue (par exemple parce que la croyance dans sa négation est plus robuste), engagent une révision des prémisses.

Comparons cela avec le raisonnement théorique inverse que j'ai décrit dans la section [«Raisonnement inverse»]. Étant donné que vous croyez que la terre n'est pas proche et que s'il y a des mouettes dans les alentours la terre est proche, le raisonnement théorique inverse vous conduit à la croyance qu'il n'y a pas de mouettes alentour. Mais vous ne pouvez pas acquérir cette croyance à moins d'abandonner votre croyance qu'il y a des mouettes alentour. Un processus inconscient s'en charge. Ici, un processus inconscient veille à ce que vous ne puissiez acquérir la croyance que vous achèterez un billet à moins d'acquérir aussi la croyance que vous avez l'intention d'acheter un billet.

Dans des circonstances normales – je mentionnerai les autres dans la section [consacrée aux objections] – vous ne pouvez acquérir la croyance que vous avez l'intention d'acheter un billet à moins d'acquérir réellement l'intention d'en acheter un. Donc, afin d'achever votre raisonnement et d'en venir à croire que vous achèterez un billet, vous devez aussi en venir à former l'intention d'en acheter un. L'intention et la croyance doivent toutes deux s'emboîter. À condition que le raisonnement procède sans heurts, vous obtiendrez finalement les deux. Vous pouvez alors vous dire «j'achèterai un billet», en exprimant de la sorte à la fois une intention nouvellement acquise et une croyance nouvellement acquise.

Votre raisonnement est pratique parce qu'il se conclut dans une intention, et il est théorique parce qu'il se conclut dans une croyance. Il vous conduit à satisfaire à la fois l'*exigence instrumentale* pratique et l'exigence théorique du *modus tollens*. C'est un seul raisonnement qui a des aspects à la fois théorique et pratique.

Les aspects pratique et théorique ne peuvent pas être séparés. On pourrait croire que le raisonnement théorique guide le raisonnement pratique : que vous en venez d'abord à croire que vous achèterez un billet par l'intermédiaire de quelque raisonnement théorique, et que cette croyance cause ensuite en vous l'intention d'acheter un billet. Mais ce n'est pas le cas. La simple croyance que vous achèterez un billet ne causera pas en vous l'intention d'en acheter un. Croire que vous ferez quelque chose n'est pas la cause de l'intention de le faire. Le lien causal fonctionne dans l'autre sens : l'intention d'acheter un billet cause en vous la croyance que vous en achèterez un.

COMMENTAIRE

Dans cet article, John Broome entend analyser en détail le fonctionnement du raisonnement pratique, et plus particulièrement, montrer comment l'intention d'atteindre une fin peut produire l'intention de faire ce qu'on croit être une condition nécessaire de cette fin. Il ne s'agit pas tant de fonder le principe instrumental (qui exhorte de mettre les moyens au service de ses fins) que de rendre compte du processus par lequel il vient à être satisfait. Un résultat de son analyse, qui est l'objectif secondaire de l'article, est de démontrer la thèse de l'unité du raisonnement, c'est-à-dire d'une inextricable parenté des raisonnements pratique et théorique. Cette question de l'unité du raisonnement et celle de l'unité de la raison n'ont peut-être pas reçu toute l'attention qu'elles méritaient, malgré leur importance évidente. La raison de ce phénomène réside probablement dans la division disciplinaire : raisons de croire et raisons d'agir relèvent respectivement de l'épistémologie et de la philosophie de l'action, si bien que leur lien ne concerne aucun domaine particulier. S'est enracinée l'idée d'une dichotomie : Aristote suggère une différence de nature entre *noûs* et *phronésis* ou *dianoia*, et à sa suite, Kant a imposé l'idée de deux usages de la raison pure, l'un théorique et l'autre pratique. Un des intérêts du texte de

Broome est de reconsidérer cette division et de plaider pour une essentielle unité.

Délibérer

Il ne fait guère de doute qu'on ne raisonne pas que pour résoudre une équation ou sélectionner la meilleure hypothèse expliquant un phénomène, mais aussi pour faire des choix dans la vie : que faire dans telle situation ? Quelle ligne d'action adopter ? Plus modestement, quel plat choisir à la cantine ? Cela signifie qu'au moins certaines de nos actions résultent de raisonnements. On peut se demander si ces raisonnements qui conduisent à des engagements pratiques sont de même nature que les raisonnements portant sur nos croyances et nos savoirs. Selon toute vraisemblance, les raisonnements sur l'action mettent en jeu des paramètres de choix, de préférence et de volonté, voire de bien, qui sont étrangers à la théorie. C'est ce qu'on peut nommer avec Aristote la délibération (ou choix délibéré, *proairesis*). (Les commentateurs se partagent sur la question de savoir si délibération et syllogisme pratique constituent une seule et même approche ou deux théories différentes chez Aristote, mais cela importe peu pour le présent propos.) La délibération résout l'antagonisme fondateur entre raison et appétits qui meuvent l'âme. Comme le souligne Aristote, on délibère sur ce qui promeut une fin, mais non sur les fins. Un médecin ne se demandera pas s'il va soigner, ni un politicien s'il va choisir de faire régner le bon ordre public. Ils choisiront les moyens de leur action, non l'intention au sens de la fin dernière de l'acte.

La délibération est une réalité psychologique, mais relève-t-elle du raisonnement ? À l'instar de David Hume, on peut être sceptique : s'il est vrai que la raison ne sert qu'à découvrir la vérité et la fausseté, alors ce qu'on nomme raisonnement pratique n'en est pas véritablement un (mais par exemple un sentiment). Dans ce cas, ce pourrait être le raisonnement théorique qui est au service d'un désir, tandis que ce dernier seulement conduirait à une action. Aristote suggère pour sa part qu'il existe un type particulier de réflexion rationnelle spécifiquement lié à l'action, en distinguant les syllogismes pratiques des syllogismes théoriques. Voici comment il définit ceux-là :

> La prémisse universelle est une opinion et l'autre a rapport aux faits particuliers où la perception est dès lors maîtresse. Or quand deux prémisses engendrent une seule proposition, il faut nécessairement que, dans certains cas, l'âme affirme la conclusion et que, dans le cas de prémisses relatives à la production, l'action suive immédiatement [1].

Il y a plusieurs manières de caractériser le raisonnement pratique par rapport au raisonnement théorique. L'une passe par les objets : le premier porterait sur des propositions décrivant des actions, tandis que les syllogismes théoriques expriment des croyances. Aristote n'est pas très éloigné de cette position lorsqu'il affirme que le *noûs theoretikos* concerne les choses que l'homme est incapable de changer, et le *noûs praktikos* les choses contingentes, c'est-à-dire celles qui ne dépendent que de l'homme. Une variante de cette définition par les objets considère que le raisonnement pratique ne porte pas sur l'action mais sur l'intention, à condition de l'entendre cette fois comme volonté de mettre en œuvre les conditions du succès d'une action (et non comme dessein guidant l'action). Telle est la conception de John Broome, en particulier dans le présent texte.

---

1. Aristote, *Éthique à Nicomaque,* trad. fr. J. Tricot, Paris, Vrin, 1990, 1147a25-28, p. 333.

Une approche différente, qui semble être celle d'Aristote, caractérise le syllogisme pratique par la nature de sa conclusion, qui ne serait pas une proposition mais l'accomplissement réel de l'action : comme l'énonce la citation précédente, du raisonnement il faut que « l'action suive immédiatement ». Les commentateurs d'Aristote n'ont certes pas trouvé de consensus, mais cette interprétation a été popularisée par Elizabeth Anscombe. Ainsi dans le célèbre exemple aristotélicien : « *il faut goûter à tout ce qui est doux*, et : *ceci est doux* (au sens d'une chose particulière), il faut nécessairement que l'homme capable d'agir et qui ne rencontre aucun empêchement, dans le même temps, accomplisse aussi l'acte » [1]. La conclusion du syllogisme n'est pas une injonction d'agir, mais le passage à l'acte même. Cela ne laisse pas d'étonner : comment un raisonnement, généralement conçu comme produisant une conclusion vraie ou fausse, peut-il aboutir à une action ? Aristote souligne par ailleurs le parallélisme entre raisonnements théoriques et pratiques [2]. Est-ce à dire qu'inférer une proposition est une action du type des actions intentionnelles produites après délibération ? Ou que ces actions sont motivées par la conclusion théorique affirmant qu'elles doivent être faites ? C'est ce même problème, celui de l'unité du raisonnement, qu'agite Broome dans notre texte.

1. *Ibid.,* 1147a28-30, p. 333.
2. *Cf.* par exemple *De Motu animalium,* 701a8-14.

AVOIR DES RAISONS

Une troisième approche du raisonnement pratique passe par les raisons. Des raisons pratiques, distinctes des raisons théoriques, en seraient les constituants essentiels. Si ce sont les raisons qui singularisent le raisonnement pratique, alors sa spécificité n'est pas à rechercher dans la conclusion mais dans les prémisses. Cette approche présuppose, outre l'idée que certaines de nos actions découlent de raisonnements pratiques, que les prémisses des raisonnements pratiques peuvent fournir des raisons d'agir, et que celles-ci peuvent rendre une action rationnelle.

Comment caractériser de telles raisons pratiques ? Elles auraient, dans les termes d'Elisabeth Anscombe, une « direction d'ajustement » particulière : tandis que les croyances sont rendues vraies ou fausses par le monde, la correction de la volonté n'est pas affectée par l'état des choses ; au contraire, sa réalisation suppose de changer l'ordre du monde plutôt que mes désirs. Les croyances ont donc une direction d'ajustement esprit-monde, et les intentions une direction monde-esprit, laquelle caractérise le raisonnement pratique. Selon Ralph Wedgwood [1], il existe deux grandes conceptions des raisons pratiques : dans l'une, une raison de *phi* est le point de départ d'un processus possible de raisonnement pratique, qui conduit l'agent à *phi* ; selon l'autre, auquel souscrit notamment Broome, une raison de *phi* est ce qui joue le rôle de l'avocat de *phi* dans l'examen de la question : l'agent devrait-il ou non *phi* ? Wedgwood estime

1. R. Wedgwood, « Primitively Rational Belief-Forming Processes », *in* A. Reisner & A. Steglich-Petersen (eds.), *Reasons for Belief,* Cambridge, CUP, 2011, p. 180.

que ce sont en réalité les deux facettes d'une compréhension unitaire.

Mais considérer les prémisses des raisonnements pratiques comme des raisons suggère qu'elles ne sont pas tant des causes des actions que des justifications, et donc, que ces raisonnements n'ont pas besoin d'être effectivement opérés par l'esprit. En tant que raisons, les prémisses peuvent venir rationaliser l'action après coup, et n'ont en tout cas pas la force motivante que recherche Broome pour expliquer que nous nous soumettions aux normes de rationalité. Les raisons ne sont plus que des explications de telle action, au sens où elles mettent fin à la série des « pourquoi », et non des justifications morales : elles ne nécessitent pas qu'on fasse telle action plutôt que telle autre. Comme l'écrit Anscombe après Aristote, la question « dans quel but ? » s'arrête lorsqu'on trouve la caractéristique de désirabilité [1].

En se départant de toute notion d'obligation, la conception du raisonnement comme pourvoyeur de raisons extrait la pratique du domaine de l'éthique. Certes, en tant qu'il concerne l'action, le syllogisme pratique relève plus généralement de la morale ou de l'éthique. Selon Aristote, sa prémisse majeure exprime un bien que l'on souhaite atteindre, et sa mineure identifie ce bien dans une situation qu'il est possible de faire advenir. « La vertu morale assure la rectitude du but que nous poursuivons, et la sagesse pratique celle des moyens pour parvenir à ce but » [2]. La tâche du raisonnement est de déterminer comment le but peut être atteint. À ce titre, il s'agit souvent d'une réflexion instrumentale, c'est-à-dire portant sur les moyens d'accomplir une fin. (Ce n'est toutefois

---

1. E. Anscombe, *L'Intention*, trad. fr. M. Maurice & C. Michon, Paris, Gallimard, 2002, § 38, p. 130.

2. Aristote, *Éthique à Nicomaque, op. cit.*, 1144a7-8, p. 308.

pas toujours le cas : par exemple, si le but est de se comporter de manière juste, on méditera sur ce qu'il est juste de faire dans telles ou telles circonstances.) Mais il faut se garder de moraliser la pratique à outrance : même si la fin distale de toute action est en théorie la réalisation d'un bien, il est souvent peu pertinent de remonter jusqu'à une vertu dans l'agir quotidien (par exemple lorsqu'on médite l'alternative « ketchup ou moutarde »). Dans le sillage kantien, on a principalement étudié la raison pratique afin de fonder la morale. Mais la réflexion contemporaine, dès *Intention* d'E. Anscombe en 1957, a replacé la question du raisonnement pratique dans le cadre de l'action en général.

SATISFAIRE DES EXIGENCES DE RATIONALITÉ

Un des buts de John Broome est d'asseoir la thèse selon laquelle un seul modèle peut rendre compte à la fois du raisonnement théorique et du raisonnement pratique. Dans ses termes, ils sont « enchevêtrés » (*entangled*). En préalable à sa démonstration, il convient de préciser d'abord ce que Broome entend par raisonnement et quelle est sa conception du raisonnement théorique.

Son approche du raisonnement en général propose les trois caractères suivants. Premièrement, un raisonnement est une activité. Deuxièmement, cette activité fait passer de certaines attitudes à d'autres attitudes, ou confirme éventuellement des attitudes que l'on avait déjà. Par attitude, il faut entendre la relation entre une personne et un contenu. Typiquement, croyances, intentions et désirs sont de telles attitudes. Par exemple, lorsque je désire qu'il pleuve, j'entretiens une relation d'une certaine nature (« désirante ») avec le contenu « qu'il pleuve », qui est différente de la relation de croyance que je peux avoir avec le même contenu lorsque je crois qu'il pleut.

Troisièmement, un raisonnement peut conduire à satisfaire des exigences de rationalité (*requirements of rationality* ou *normative requirements*). Si l'ensemble des attitudes d'un sujet ne se plie pas à ces exigences, c'est à la suite et au moyen d'un raisonnement que la rationalité sera établie. Toute la question est de savoir par quel mécanisme précisément. Parmi les exigences de rationalité figurent l'absence de croyances contradictoires ainsi que le *modus ponens* : si je crois que p et que p implique q, alors (si je me sens concerné par ce dont il est question) il est rationnel que je croie que q. (La précision « si je me sens concerné » est destinée à contourner le problème de la clôture épistémique : on ne peut déduire toutes les implications de nos croyances, puisqu'elles sont infinies.) Broome mentionne encore une exigence instrumentale, qui servira de pivot à toute sa démonstration. En peu de mots : qui veut la fin veut les moyens. Plus exactement : qui veut la fin veut aussi les moyens qui sont indispensablement nécessaires à l'obtention de celle-ci et qui sont en son pouvoir. En fait, cette expression doit encore être amendée de la manière suivante : qui veut la fin a l'intention des moyens s'il croit que cette intention est une condition nécessaire pour les réaliser. L'intérêt de cette reformulation est de généraliser de la notion de moyens instrumentaux à celle de simples conditions nécessaires, et surtout de mettre en évidence le lien entre croyance et intention. La rationalité veut que si x a l'intention de réaliser son but et s'il croit qu'avoir une certaine intention est le seul moyen de réaliser ce but, alors x forme cette intention particulière.

En partant de ces éléments, comment construire une conception du raisonnement qui vaille aussi bien pour les croyances que pour les intentions ? Dotons-nous avec Broome

d'un exemple de raisonnement théorique pour commencer.
Supposons que vous faites une croisière en mer. Vous vous
êtes endormi sur le pont du bateau, et êtes réveillé par des cris
de mouettes. Vous croyez qu'il y a des mouettes autour de
vous. Vous croyez que s'il y a des mouettes dans les parages, la
terre est en vue. En outre, il vous importe de savoir si l'on
s'approche des côtes. Mais vous ne croyez pas que la terre soit
à proximité. En raisonnant, vous allez former cette croyance,
ce qui permettra de satisfaire les exigences de rationalité (en
l'occurrence, le *modus ponens*). Comment le raisonnement
procédera-t-il ?

En posant cette question d'apparence aussi naïve qu'inso-
luble, Broome considère à nouveaux frais le problème de l'acte
d'inférer, c'est-à-dire le passage des prémisses à la conclusion
d'un raisonnement. Quelle nécessité ou quel pouvoir
contraignant donne l'impulsion pour adopter la conclusion
comme croyance ? Les prémisses donnent des raisons
d'adopter une attitude-conclusion, mais quelle est la cause de
ce changement ? La raison lance-t-elle un « ordre » de croire, à
la manière dont la volonté pourrait donner l'ordre de lever le
bras ? Une réponse tentante à cette difficulté serait de dire que
vous *devez* croire en la conclusion étant donné les prémisses, et
que vous en êtes conscient. Autrement dit, il y aurait une
croyance en un « devoir-croire ». Ce serait cette croyance
normative qui causerait dans un deuxième temps la croyance
elle-même. Dans l'exemple précédent, vous formez la
croyance que vous devez croire que la terre est en vue, ce qui
engendre en vous la croyance que la terre est en vue. Comme le
raisonnement passe par la formation d'une croyance au sujet
des attitudes que l'on devrait avoir, qualifions cette solution de
théorie de la croyance de second ordre. Son intérêt pour le
questionnement général est qu'elle fonctionne avec autant de
succès pour la pratique : les attitudes que nous devrions

entretenir peuvent indifféremment être des croyances ou des intentions. C'est la thèse que Broome espère démontrer.

Pourtant, cette théorie est inacceptable pour plusieurs raisons. D'abord, comment en vient-on à croire que l'on devrait croire telle ou telle proposition (ou avoir l'intention d'effectuer telle ou telle action)? La croyance normative de second ordre résulte elle-même d'un raisonnement. Or ce genre de croyance a pour fonction d'expliquer comment on infère les conclusions des raisonnements. Le partisan de cette solution est donc conduit à poser une croyance normative de troisième ordre selon laquelle vous devez croire que vous devez croire que la terre est en vue. La perspective d'une régression à l'infini, qui n'est pas sans rappeler l'apologue d'Achille et la tortue conté par Lewis Carroll, invalide cette solution.

Un deuxième problème se pose pour les tenants de la théorie du second ordre: comment préciser le passage de la croyance en un devoir-croire ou un devoir-faire à la croyance ou à l'action correspondantes? En répondant que le raisonnement s'achève sur la croyance de second ordre et que la suite procède de mécanismes inconscients, on admet que la conclusion de tout raisonnement est une croyance, échouant ainsi à modéliser le raisonnement pratique. Si au contraire on estime que le raisonnement se poursuit au-delà de la croyance de second ordre, il sera facile d'admettre que celui-ci produit l'intention d'avoir une attitude, laquelle sera finalement créée par cette même intention. Par exemple, si je crois que je dois croire que la terre est proche, je formerai naturellement l'intention de croire que la terre est proche. Le problème est qu'avoir une intention de croire quelque chose produit rarement la croyance en question. Comme l'ont remarqué les critiques de William James, on ne peut pas croire à volonté. Si un génie m'offre une fortune pour croire que la Terre est en fromage, j'aurai tout intérêt à adopter cette croyance, mais cela ne suffira pas pour que j'y parvienne. Pour cette raison, le détour par l'intention ne permet pas de sauver la théorie de la croyance de second ordre : il n'y a pas de passage permettant aux croyances de second ordre de modifier les croyances de premier ordre.

La conclusion de cette analyse est qu'un modèle correct du raisonnement ne doit faire place qu'à des attitudes de premier ordre.

AJUSTER DES MOYENS

Tout raisonnement pratique n'est pas instrumental, mais ce dernier pose un problème spécifique qu'il vaut la peine de considérer, le statut du principe instrumental (« qui veut la fin veut les moyens », pour le dire vite). Une des particularités du syllogisme pratique instrumental est qu'il n'est en aucun cas valide. Quelle que soit la forme qu'il prend, le raisonnement est défaisable : il est toujours possible de refuser sa conclusion tout en acceptant ses prémisses, pour la simple raison qu'il est rationnel de reculer devant une conclusion absurde [1]. C'est ce que trahit l'argument du porc grillé : « je veux faire cuire un morceau de porc, or en faisant brûler la maison je cuirai un morceau de porc, donc je vais faire brûler la maison ». Si le raisonnement est parfaitement juste sur le plan instrumental, son absurdité vient de ce qu'on pourrait identifier avec Vincent Descombes comme une prémisse manquante [2] : je veux certes cuire du porc, mais pour le manger en famille dans ma cuisine,

---

1. C. Michon, « La Causalité formelle du raisonnement pratique », *Philosophie*, n° 76, 2002, p. 63-81.

2. V. Descombes, *Le Raisonnement de l'ours et autres essais de philosophie pratique*, Paris, Seuil, 2007.

ce qui suppose de ne détruire ni ma cuisine ni ma famille. La morale de cet exemple est que la validité théorique ne semble pas pouvoir fournir de modèle à la rationalité pratique, mais aussi que le raisonnement instrumental (pratique) s'en suffirait volontiers.

Deux questions se posent donc : pourquoi est-on réticent à qualifier certains raisonnements instrumentaux corrects de rationnels, et pourquoi regarde-t-on au contraire certains comme nécessaires au diagnostic de rationalité ? Broome se dispense de l'examen de la première car il substitue à la notion de moyens celle de conditions nécessaires. Reste le problème suivant : qu'est-ce qui, pour qui a un but, rend irrationnel de ne pas faire ce qui est nécessaire pour atteindre ce but ? Pourquoi est-il irrationnel de ne pas prendre les moyens de ses fins ? On a vu que Broome considère que le principe instrumental exprime une exigence de rationalité authentique. On va voir qu'il estime toutefois qu'elle ne fonctionne que combinée aux exigences de la raison théorique. D'autres positions sont actuellement discutées. Par exemple, un cognitiviste comme Jay Wallace considère que les entorses au principe instrumental se réduisent en fait à l'assomption de croyances incohérentes entre elles, et que le principe instrumental repose fondamentalement sur la rationalité théorique.

Broome n'est pas aussi catégorique, mais il entend montrer que l'irrationalité née de la violation du principe instrumental n'est pas seulement due à des exigences pratiques mais aussi théoriques, à commencer par le *modus ponens.* Cela suppose d'opérer en même temps sur des intentions et sur des croyances. (Comme on le verra, sa stratégie va tellement loin dans le sens théorique qu'elle n'opère en définitive que sur des croyances.) L'intuition à la base de sa démonstration est la suivante : si l'on forme une intention par un raisonnement explicite, en exprimant la conclusion, on exprimera aussi une croyance, ce qui signifie que ce raisonnement doit conduire à une croyance aussi bien qu'à une intention. Car même si une attitude comme la croyance n'est pas soumise aux mêmes exigences de rationalité qu'une attitude comme l'intention, ce qui signifie que raisonnements théorique et pratique doivent être soumis à des règles différentes, il n'en demeure pas moins qu'un lien essentiel unit l'intention de *phi* et la croyance qu'on va *phi*.

Le principe fondamental de ce lien s'énonce ainsi : si quelqu'un croit qu'il a l'intention de *phi*, alors, à cause de cela, il croit qu'il va *phi*. L'expression sincère d'une intention (dans une phrase à l'indicatif, par exemple, « demain, dès l'aube, je partirai ») exprime en même temps la croyance que l'intention se réalisera (en l'occurrence, que demain matin, je me mettrai effectivement en chemin). Asserter quelque chose (notamment une intention) revient en effet à énoncer une croyance. C'est une particularité de la langue qui n'est pas fortuite, estime Broome : il est impossible d'exprimer une intention sincère de faire quelque chose sans croire qu'on a cette intention, et donc sans croire qu'on agira de la sorte.

Si Broome précise qu'il est bien question de croire qu'on a une intention et non simplement d'avoir cette intention, c'est afin d'éviter les objections portées contre la thèse cognitiviste plus directe, endossée par Gilbert Harman, selon laquelle l'« intention implique la croyance »[1]. Pour Harman, avoir l'intention de *phi* entraîne la croyance qu'on va *phi*. Pour Broome, croire qu'on a l'intention de *phi* entraîne la croyance qu'on va *phi*. Or, on peut avoir une intention tout en l'ignorant. Inversement, on peut croire qu'on a une intention sans l'avoir vraiment ; mais ces situations n'affectent pas la thèse de

---

1. G. Harman, *Reasoning, Meaning, and Mind*, Oxford, Oxford University Press, 1999, p. 49.

Broome. En revanche, il existe des contre-exemples plus ennuyeux, analogues à l'acrasie : par une sorte de « faiblesse de l'intention » (et en l'occurrence, de la mémoire), je peux formuler l'intention sincère d'acheter une baguette de pain, mais ne pas croire que je l'achèterai, au motif qu'il est vraisemblable que je l'oublierai comme à l'accoutumée. Broome décide de passer ces cas sous silence, parce qu'ils ne mettraient en jeu que des intentions faibles.

On peut résumer le cheminement de Broome jusqu'ici de la manière suivante. Quand A raisonne, il exprime pour lui-même les états intentionnels qu'il a déjà. Or un raisonnement instrumental porte sur des intentions et des croyances. Quand A conduit un raisonnement instrumental, il exprime donc des intentions et des croyances pour lui-même. Quand il exprime des intentions pour lui-même, A croit qu'il a les intentions qu'il exprime. Quand il croit qu'il a l'intention de *phi*, alors, d'après le lien entre croyance et intention, il croit aussi qu'il va *phi*.

Dès lors, comment fonctionne le raisonnement pratique ? L'exemple du billet pour Venise sert à exhiber sa différence avec un syllogisme théorique. Il semble à première vue qu'on puisse raisonner au sujet des actions comme de n'importe quoi d'autre, en observant les exigences de la rationalité théorique (en l'occurrence le *modus tollens*, cousin du *modus ponens*) : si je n'achète pas de billet je n'irai pas à Venise, or j'irai à Venise, donc j'achèterai un billet. Mais Broome remarque qu'on ne pourrait en réalité pas inférer la croyance attendue, car une exigence de rationalité supplémentaire entre en jeu, l'exigence instrumentale : pour acquérir la croyance qu'il va *phi*, le sujet doit en outre acquérir la croyance qu'il a l'intention de *phi*. En effet, avoir l'intention de *phi* est une condition nécessaire pour *phi*. Normalement, la croyance que j'achèterai un billet pour Venise dérive de la croyance que j'ai l'intention d'acheter un billet pour Venise. À son tour, la croyance qu'on a l'intention de *phi* s'obtient, naturellement, grâce à l'intention de *phi*. Dans des conditions normales, je ne formerai pas la croyance que j'ai l'intention d'acheter un billet à moins d'avoir réellement cette intention. Il en résulte que pour pouvoir réellement inférer des prémisses la croyance que j'achèterai un billet, je dois former l'intention de l'acheter, puisque c'en est une condition de réalisation. Le raisonnement doit donc dans le même temps produire l'intention et la croyance que le sujet va *phi*.

FORMER UNE INTENTION

Nous sommes conduits à satisfaire le principe instrumental comme une sorte d'effet secondaire du raisonnement par lequel nous mettons de la cohérence dans nos croyances. C'est la preuve que raisonnements théorique et pratique sont enchevêtrés. Pour Broome, les intentions jouent donc un rôle presque analogue aux croyances : lorsque je contemple mon attitude-intention de *phi*, je vois en même temps la représentation future que je vais *phi*. Cette conception « cognitiviste » a été critiquée comme étant peu plausible. À cela, Broome répond tout simplement qu'en effet, le résultat de son analyse est étonnant, mais que cela ne l'empêche pas d'être vrai.

Certains philosophes veulent défendre contre lui l'idée que les raisonnements pratiques sont d'un genre particulier, qui ne doit pas être confondu avec des raisonnements sur les croyances. Michael Bratman a insisté sur le fait que principe instrumental et clôture épistémique sont deux exigences de rationalité différentes [1]. La première enjoint de faire sienne une

---

1. M. Bratman, « Intention, Belief, and Instrumental Rationality », *in* D. Sobel & S. Wall (eds.), *Reasons for Action,* Cambridge, CUP, p. 13-36.

action si elle est la condition nécessaire d'une fin. La seconde enjoint de faire sienne une croyance si elle est la condition nécessaire d'une autre croyance. Malgré l'analogie, il s'agit de réquisits différents, l'un ayant trait à notre compréhension du monde et visant à conserver la cohérence parmi nos croyances, l'autre garantissant la conduite contrôlée d'un agent.

On a objecté plus précisément que cette conception ne remplit pas le programme du syllogisme pratique, puisqu'il ne conclut pas à une action ni une intention mais seulement à une croyance, même s'il s'agit de la croyance d'avoir une certaine intention. L'intention de visiter Venise ne figure dans le raisonnement qu'à travers la croyance du sujet qu'il a l'intention de visiter Venise (et non seulement, certes, à travers la croyance qu'il visitera Venise, qui peut être causée d'une autre manière, par exemple s'il pense qu'aller à Venise est une fatalité inexorable). Mais rien ne changerait si la croyance d'avoir telle intention n'était pas causée par l'intention même (mais par un malin génie, un dysfonctionnement cérébral, ou par une situation du type suivant : ayant oublié que j'ai abandonné l'intention de visiter Venise, je peux continuer à croire faussement que j'ai l'intention de m'y rendre). Dans le modèle de Broome, peu importent à vrai dire les intentions réellement entretenues par le sujet, et seules comptent les croyances au sujet de ces intentions. C'est inévitable, argumente Broome : puisque les attitudes qui figurent dans le raisonnement conscient doivent être des attitudes conscientes, il ne peut s'agir que de croyances. Il n'y a tout simplement aucun moyen de se frayer un chemin par le raisonnement jusqu'à une intention réelle, au-delà de la croyance qu'on a une intention. La théorie de Broome ne distingue donc finalement pas entre le rôle des intentions et le rôle des croyances.

C'est une objection déconcertante, mais là encore la réponse de Broome est acceptable : il n'y a tout simplement pas moyen de faire entrer les intentions dans les raisonnements conscients. Le truchement par lequel l'intention est impliquée malgré tout est la thèse du lien essentiel entre croyance et intention : je ne peux avoir l'intention de *phi* sans croire que je vais réellement *phi*. On a vu que Broome concède qu'il existe des exceptions, mais seulement lorsque l'intention n'est pas prise dans son sens plein : c'est le cas du sujet qui espère penser à acheter une baguette au retour du travail mais présume qu'il oubliera de le faire. Mais est-ce toujours le cas ? Le fumeur ne peut-il pas sincèrement avoir la très forte intention d'arrêter le tabac sans croire qu'il y réussira ? Le chevalier qui affronte un dragon redoutable peut douter qu'il le terrassera, car personne n'y est jamais parvenu ; pourtant, il a de tout cœur l'intention d'être le premier à triompher. Si l'on suit le critère de Broome, il faudrait conclure qu'il ne s'agit pas d'intentions : c'est congédier un peu vite nombre d'attitudes mentales authentiques [1]. Il semble que la confiance qu'on a dans les chances de son succès soit relativement indépendante de l'intention de faire une action (même si bien sûr on ne peut avoir l'intention de faire quelque chose d'impossible). La raison en est que l'intention nous engage moins envers une réalité future comme le postule la conception statique de Broome qu'envers la prise de mesures en vue de cette réalité future.

Le manque d'analyses sur la nature des intentions de la part de Broome semble à l'origine de son improbable conception. Un autre trait qu'il attribue aux intentions est de surgir comme des moyens permettant la satisfaction des exigences

---

[1]. C'est une des critiques faites par J. B. Høj, « Problems for Broome's Cognitivist Account of Instrumental Reasoning », *Acta Analytica,* 25, 2010, p. 299-316.

instrumentales. Puisque je crois que je ne visiterai pas Venise si je n'achète pas de billet, et que je crois que je visiterai Venise, alors j'infère la croyance que j'achèterai un billet, mais j'en tire aussi l'intention d'acheter un billet (via la croyance que j'en ai l'intention). L'intention se forme en moi dans le but de satisfaire les exigences de la rationalité, et en l'occurrence de la rationalité théorique, puisqu'elle me permettra de former une croyance cohérente avec mon état de croyances. L'aspect pratique du raisonnement est largement occulté. Cela correspond-il à la phénoménologie de l'intention ? Le modèle de Broome nous laisse dans une situation étrangement passive vis-à-vis de ce que nous voulons faire : nous découvrons *a posteriori* nos intentions, après avoir pris conscience de nos croyances à leur sujet.

TABLE DES MATIÈRES

QU'EST-CE QUE RAISONNER ?

TEXTES ET COMMENTAIRES

Imprimé en France par CPI
en janvier 2016
Dépôt légal : janvier 2016
N° d'impression : 133170